산희

산희

홍산희 지음

ㅎ|ㅅ

※ 작가의 말

어디서 왔을까
얼마나 먼 길

어디서부터 길을 나서
어떻게 서로를 찾았을까

바람결에 귀 기울이며
유난히 빛나는 별빛 따라

닮은 눈빛으로 찾아와
내 곁에서 한숨 곤히 잠든 며느리
눈에 띄게
달싹이며 불러오는 배

맑은 햇살 속으로
새 생명
자박자박 걸어오는 소리

2024년 가을
홍산희

차례

1부

5월, 그리고 꾀꼬리	10
새로운 세상이 열리고	13
웨딩드레스	20
아름다운 몽산포	30
오늘 재미있었던 일은?	43
두려움을 포장하는 방법	54
새순처럼 돋는 연민	61
소통	67
한 발 내디뎌야 세상이 길을 연다	76

2부

어부바를 좋아하는 우리 아기	82
태아는 말귀가 밝아	88
여리면서도 강한 아기	95
또 하나의 아랫니 나오다	98
걸음마를 시작한 아가야	103
2002년생 아가에게 들려주는 금강산 이야기	110
겨울 장전항	118
눈 덮인 금강산	122
비 오는 날은 온 세상이 평온해 보여	127
백두산 천지天池의 구름	132

백령도 물범들의 대화를 엿듣다	139
크고 하얀 맨발	146

3부

풀어내다 ―제주 첫째 날	156
풀어내다 ―제주 둘째 날	160
풀어내다 ―제주 셋째 날	169
풀어내다 ―제주 넷째 날	183
풀어내다 ―제주 다섯째 날	189
역사의 동굴	195
흔들리는 섬	200
불타는 섬	204
해원의 풍랑	207
비설	211

4부

사별이 무엇인지 정녕 몰랐습니다	218
나를 키워준 나무 ―늦밤나무 이야기	229
21세기의 성차별	237
다녀왔습니다	241
산희 정원	244

— 1부 —

5월, 그리고 꾀꼬리

　우리 집 울안의 왼쪽으로 뒤꼍에 아주 오래된 밤나무 한 그루가 있었다. 그 늦밤나무는 가을이 깊어갈 무렵이면 새벽 찬 이슬과 함께 어린 나의 주먹만 한 알밤을 후드득후드득 쏟아주었다. 그런데 그 알밤의 가을보다 나를 밤나무 주변에서 맴돌게 한 계절은 따로 있다.

　5월이면 밤나무는 무거운 침묵에 가라앉은 우리 집을 통째로 흔들며 깨웠다. 밤나무의 연둣빛 잎들이 짙어지면 꾀꼬리 새끼들이 재재거리는 소리가 들리기 시작한다. 어미 꾀꼬리들이 밤나무 우거진 잎새 사이를 바쁘게 들고 난다. 나는 목이 아프도록 밤나무를 올려다보아도 온몸으로 지저귀는 새끼들은 보이지 않았다. 나뭇잎 사이로 꾀꼴 꾀꾀꼴~ 먹이를 물어온 어미가 새끼를 부르는 소리와 어미를 향해 제 존재를 알리는 새끼들의 울음소리! 그 화음은 내가 들어본 세상의 모든 소리 중에 가장 치열하고 또 아름다운 노래였다.

밤나무는 꾀꼬리들의 노래로 나를 오래 붙잡아 두었다. 나는 아무도 찾아오지 않는 그 밤나무 아래서 소꿉놀이를 하며 자랐다. 깨진 사발 굽으로 솥을 걸어놓고 흙을 담아 밥을 짓고 마른 밤 쭉정이에 가느다란 나뭇가지를 꽂으면 예쁜 숟갈이 되었다. 혼자서 하는 소꿉놀이도 나를 키워줬다. 잎으로 무성한 밤나무 속의 보이지 않는 새들을 그리며 해지는 줄 모르고 놀았다. 나는 그 밤나무를 사철 사랑했다. 거목은 수많은 나뭇가지가 엉켜있는 것 같아도 둥치를 끌어안듯이 매달려 고개를 젖히고 올려다보면 잔가지들이 질서 있게 뻗어 저마다의 잎을 바람에 떨고 있는 것이 보였다. 어리고 철없는 막내인 나에게도 가족들의 두려움이 그렇게 다 보였다.

우리 집은 깊은 물 속에 잠긴 수초 속 같았다. 웃음소리가 없는 집이었다. 하물며 음악이라니. 나하고 같은 반이며 교실에서 한 걸상에 나란히 앉는 윗집 성동이네 집은 아들만 다섯 형제였다. 그 형제들은 새벽부터 깨어나서 학교에서 배운 노래란 노래는 다 부르며 동네를 깨웠다. 그 집에서는 아기 울음까지도 음악 소리로 들려왔다. 나는 그 애들이 부르는 동요를 속으로도 따라 부르지 못했다. 자라면서 나는 가족들에게 덧씌워진 굴레를 원죄인 줄 알았다. 그 두려움이 엄습해오는 불안감은 나를 소심한 아이로 키웠다. 수업시간에는 정답을 발표하고도 가슴이 두근거리고 얼굴이 붉어지는 아이였다.

그 아이가 이제 초로의 기슭에 서 있다. 처음 시詩를 만났을 때, 시로써 나를 풀어낼 수 있으리라는 기대감만으로도 온몸이 떨려왔었다. 나를 주체하기 어려웠던 감정의 파고가 나를 깨웠다. 그러나 시詩의 길은 참으로 깊고도 캄캄하였다. 나는 '내 안에 우는 아이'를 너무 깊이 묻어두었기 때문이었다. 아니다. 내 안에 우는 아이는 나에게 말을 걸어왔다. 그러나 나는 아직은 너에게 다가갈 수가 없다며 더 깊이 숨겨두었다. 나를 풀어내는 굿을 스스로 해야만 한다는 것을 그 아이와 나는 알고 있었다. 너무 오랜 시간이 걸렸다. 그러나 늦지 않았다.

새로운 세상이 열리고

 엄마 등에 업혀서 6·25전쟁 통에 살아남은 쥐띠 딸인 나는 동네에 동갑인 여자아이가 없었다. 셋째 언니의 친구들 속에서 들로 산으로 나물 바구니를 들고 뛰어다녔다. 초등학교를 졸업하고 나는 바로 중학교에 진학하지 못했다. 초등학교를 3학년부터 시작했어도 반에서 1등만 했다는 둘째 언니와 5학년 여름방학 동안 천자千字 책을 다 떼었다는 셋째 언니도 중학교에 진학할 수 없어 셋째 오빠가 공부하던 강의록으로 공부를 했다. 막내 오빠만 중학교 진학을 했다. 나는 우리 마을로 흘러들어오신 훈장할아버지가 가르쳐주시는 『동문선습』을 놀이처럼 배우며, 1여 년이 흐른 어느 늦여름 날, 어머니가 나를 데리고 청주행 버스를 타셨다.

 어머니는 그날 청주의 세광중고등학교 부설인 청신고등공민학교에 나를 편입시키셨다. 그 학교는 중학교 과정을 배우는 야간 학교였다. 둘째 언니가 집에서 직접 만들어 준 교복을 입고 1963년에 1학년 2학기를 시작으로 나의 중학교 생활이 시작되었다. 1학기를 건너뛴 중학과정이었으므로 영어와 수학이 좀 어려웠지만, 나에게는 새로운 세상이 열린 것이다. 내 손으로 풀 먹인 하얀 깃을 빳빳하게 다림질한 교복에 무거운 책가방을 들고 어둡고 가파른 산동네의 밤길을 도도하게 걸어서 다녔다.

회사에 다니는 셋째 언니와 수암골의 꼭대기 집 셋방에서 함께 살았다. 우암산이 뒷동산이었다. 몇 발짝만 올라가면 내가 가져올 만한 마른 나뭇가지가 지천이었다. 그 나무로 방도 데우고 밥도 지으면서 나는 공부가 참 재미있었다. 쌀과 고추장, 된장을 시골의 집에서 가져다 먹었다. 야간 학교이므로 나는 토요일 저녁에도 학교에 갔다. 따듯한 봄이나 가을이 되면 언니와 나는 일요일 아침 여덟 시에 집을 나서서, 상당산성을 넘어 산길을 따라 미원의 샘골 집까지 걸어 다녔던 시간들은 지금도 행복하게 추억하는 시대이다.

아직 새잎이 눈뜨기 전, 온 산을 뒤덮는 진달래꽃을 따 먹으며 걸어가는 산길은 즐거운 소풍이었다. 새잎이 우거지고 산새들이 우짖는 오월, 유월이면 찔레 순을 꺾어

먹으며 초록 망개 열매도 목마름을 달래주었다. 풀섶에 연하게 올라온 냉이와 비슷하게 생긴 매운맛 나는 풀을 꺾어 입에 넣고 씹으면 코를 톡 쏘는 매운맛에 찡하니 눈물이 나며 입안 가득 침이 고이며 기운이 솟았다. 우리는 이 풀을 '매움풀'이라 불렀다. 구월이 되면 산길로 굴러내리는 도토리와 알밤은 얼마나 많았던가. 11월의 햇살에 반짝이며 흩날리는 낙엽 비를 맞으며 산길을 걷던 언니와 나는 참 건강하였다.

1960년대 그때는 마을 아이들을 온 마을 사람들이 함께 키우던 때였다. 농경시대였으므로 들이나 산이나, 일하는 어른들이 많았다. 몇십 리쯤은 보통으로 걸어서 다녔으므로 다 큰 처녀들이 그것도 우리 셋째 언니처럼 키 크고 미인인 처녀가 호젓한 산길을 걸어가면 부모의 마음으로, 동기간의 마음으로, 보호하고자 하는 마음가짐이 보편적이었다. 그리고 몇십 리 안의 산 넘어 어느 마을, 아무개의 몇째 자식인지, 족보까지 꿰고 사는 산골 마을의 인심이었다. 인심이 그럴 수 있었던 중요한 이유가 있었다. 중매결혼으로 연을 맺는 우리나라 풍습으로, 사돈의 팔촌까지 모두 친인척이었던 시대였으므로, 낯선 사람끼리 통성명을 할 때면 그 가문의 족보가 줄줄이 나오기 때문이다.

열두 시쯤이면 고향인 샘골 집에 도착했다. 큰 올케언니가 해주시는 따듯한 점심을 먹고 어머니가 싸주시는 쌀과 먹거리들을 가지고 미원장터까지 2km를 걸어서, 언니와 나는 버스를 타고 청주로 오곤 했었다.

어느 때는 나 혼자서 버스를 타고 먹거리를 가지러 가기도 했었다. 미원에서 출발하는 만원 버스에 어머니가 머리에 이고 실어주신 쌀자루와 반찬 보따리를 가지고 탔다. 지금처럼 플라스틱 용기라든가 비닐봉지도 없던 때, 고추장 된장을 작은 항아리에 담아 날랐었는지 기억이 나지 않는다. 아무튼 버스는 온갖 냄새를 안고 덜컹거리며 달렸다. 자갈투성이 비포장도로를 들썩이며 달리는 버스 뒤쪽까지 꽉 찬 사람들 사이에 끼어있을 때였다. 버스 앞쪽의 사람들 틈을 헤치며 뒤쪽으로 오는 청년이 보였다. 초등학교 3학년 때, 같은 건물의 6학년 교실에서 공부하던 막내 오빠의 친구임을 알아보았다. 그 사람이 내 앞으로 오더니 "너 성찬이 동생 맞지?" 하는 것이다. 나는 사람들 틈에 끼어 구겨진 교복에 땀 흘리는 내 몰골이 부끄러워 자존심이 상했는데 그 사람은 청주에 도착할 때까지 그 자리를 떠나지 않는 것이다. 버스가 터미널에 도착하자 내가 뒤쪽 바닥으로 숨기고 있는 쌀자루를 번쩍 들어 어깨에 메고는 집이 어디인지 앞장을 서라고 하는 것이다. 그날 그 사람은 어깨에 둘러멘 그 쌀자루를 수암골 꼭대기에 있는 나의 자취집 부엌에 내려놓고 갔다. 나는 반찬 보따리를 내려놓지도 못하고 고맙다는 인사도 하지 못했었다.

고입자격검정고시 전 과목 합격증을 졸업장과 함께 받으며 졸업을 했다. 고등학교에 합격했으나 큰오빠의 형편이 넉넉지 못했다. 여덟 살 때 학교에 가겠다고 엄마 앞에서 뒹굴던, 억지를 부릴 수는 없었다. 1960년 중반 어느 날 집안 어른의 소개로, 견직물 회사의 도안부에서 일하게 되었다. 비단이불의 겉감을 짜는 회사였다. 도안사가 커다란 모눈종이에 한 쌍의 공작과 모란꽃을 도안하면 그 그림에 색을 칠하는 것이 나의 일이었다.

어느 날 우연히 직물을 짜는 현장의 남녀 직공들의 모임에서 노동임금 착취에 대해 열띤 연설을 듣게 되었다. 그것뿐이었다. 그런데 그 날의 노동자모임으로 인해 회사가 발칵 뒤집혔고, 나도 시골의 집으로 돌아오게 되었다. 큰오빠가 조용히 내게 물으셨다. "노동착취라는 게 무엇인지 아느냐?"고. 나는 곧이곧대로 내 생각을 말했다. "현장의 직공들에게 일 한 시간만큼의 정당한 임금을 주지 않는 것은 옳지 않다고 생각해요."라고. 큰오빠는 아무 말 없이 다시 신문을 집어 들으셨다. 그 후 그 회사에서 독립해 나온, 같은 계통의 회사에서 나는 다시 도안부의 일을 하게 되었었다.

 나의 손을 잡고 도시로 가는 버스를 탔던 어머니의 용기는, 웅크려 있는 나의 알껍데기를 깨뜨려 주신 것이었다. 그러나 나는 겹겹의 껍데기 속에서, 나를 둘러싼 막을 얼른 박차고 나오지 못했다. 살아오면서 참으로 막막하고 무기력했던 나의 10대 후반을 돌이켜볼 때마다 나는 무엇을 그리 두려워했을까? 가슴 가득 넓은 세상으로 나아가 의상디자이너 공부를 할 것이라는 열정은 소용돌이치는데, 왜 나는 더 넓은 세상과 부딪쳐보고자 한 발 내디디기를 두려워했을까? 걸음을 걸을 때는 턱을 들고 앞을 똑바로 주시하며 구두 굽 소리 또각또각 도도하게 걸었다. 그것은 내 안에서 소용돌이치는 나의 자신감이었으나, 나는 그 도도한 걸음으로 더 넓은 세상으로 나가지 못했다. 우리나라의 60년대와 70년대는 산업화의 과도기로, 그 어느 때보다도 힘없는 여성들에게 혹독하고 불리한 시대였다. 아직 세상을 잘 몰랐던 나는, 억세지도 약삭빠르지도 못했다. 그 시대의 나는 좌익으로 월북한 아버지의 딸로, 사회적 약자였다. 스스로 그렇게 주눅이 들어있었다. 어머니를 더 아프게 하지 않으려고 나는 나를 억제하고 단속했었다.

그 후 내가 아직 스무 살이 되기 전 어느 날, 버스 안의 쌀자루를 메어다 주던 그 사람이, 나의 막내 오빠 '성찬'을 앞세우고 나를 찾아왔다. 그는 그 후 나와 수많은 편지를 주고받으며, 함께 장래를 희망하며, 격려하며, 교제 5년, 그리고 결혼생활 54년 지기인 나의 남편 신현식申賢植 씨이다.

웨딩드레스

풋보리 이삭들 사이로 하얀 면사포가 부풀어 오르는 청보리밭, 53년 전 야외결혼식 한 장면의 흑백사진을 들여다본다. 넘실거리는 청보리밭에 웨딩드레스의 신부가 서 있다. 한 손에 받쳐 든 부케의 리본이 청보리 이삭을 배경으로 바람에 살풋 날아오른다.

5월 풋보리 이삭이 다투어 패듯 결혼 날짜가 다가온다. 1971년 5월 16일, 시아버님의 회갑일에 맞춘 결혼식 날짜에 맞춰 제대 휴가를 오는 보병 장교의 절도있는 걸음으로, 날짜는 성큼성큼 다가오는데 어머니는 나의 혼수 준비로 잠 못 이루시고, 누구에게 속을 털어놓을까? 산골 마을 샘골에서 이 마을 처녀들이 대대로 시집가며 눈물로 적셨다는 저 오래 묵은 혼례복을 입고 나는 시집을 가야 한다.

한 백 년쯤 묵었을 원삼 자락에는 대대로 이 마을 처녀들로부터 나의 큰언니, 둘째 언니, 그리고 작년 가을 시집간 셋째 언니가 떨구던 눈물로 얼룩진 삼원색 혼례복은 너무나 묵직해 보였다. 그 혼례복을 입고 아주까리기름에 절은 족두리를 머리에 올리고 차일을 친 우리 집 마당에서 나도 혼례식을 올려야 할 것이다. 가위가 눌린다. 성찬 오빠는 청주에서도 가장 옷을 잘 짓는다는 양복점에서 자신의 친구이자 매부가 될 신랑의 맞춤 양복을 준비했다고 했다.

신랑이 될 사람은 시대의 엘리트 청년이었다. 그가 내게 손을 내밀었을 때, 나는 깊이, 무겁게 생각을 정리하였다. 일생을 함께 갈 동반자로서 그와 함께 삶을 이끌어 갈 만큼의 역량이 나에게 있겠는가? 나를 냉정하게 점검하는 시간이었다. 할 만하다는 자신감으로 나는 그의 손을 잡았다. 그 사람이 인사를 하러 우리 집을 찾아왔을 때, 나의 큰 오라버님이 "내 동생을 자네만큼 공부시키지 못해 안된다." 하셨다. 그는 "산희가 공부하기를 원한다면 살아가면서 제가 공부할 수 있게 해주겠습니다." 이렇게 우리는 자신의 성장과 서로를 배려하는 성년이 되어, 이제 결혼식을 올리는 것이다.

밤을 하얗게 새운 새벽이다. 뒷동산으로 오르는 산비탈,

넷째 할아버지의 보리밭 사잇길로 오르며 보니, 바람도 없는 오월 새벽, 비탈진 청보리밭이 잠에서 막 깨어나고 있다. 푸른 보리 이삭들이 가실가실한 보리 수염들을 다투어 부드럽게 밀어 올리고 있다. 오랜 공사로 막 단청을 마친 남양홍씨 신축 사당 남향사가 온 동네 청보리밭들을 주단으로 펼쳐놓고 높이 앉아있다. 동산 위에서 높다란 추녀를 들어 올리며 남산 들판을 굽어보고 있다. 새집으로 모신 시조께서 큰기침으로 안개 속에 서 있는 나를 굽어보시는 것 같다. 진한 송진 향과 단청 냄새가 가슴 깊이 들어온다.

할아바님께서 '아가, 이리 가까이 오너라!' 하시는 말씀이 들리는 것 같다. 아직 주변 정리가 다 되지 않은 신축 남향사의 마당으로 조심스럽게 다가가서 보니 웅장한 기둥들이 건물을 받들고 있는 뜰이 넓다. 마당도 작은 운동장만 하다. 완공 후 아직 첫 제祭도 올리지 않은 남향사를 향해 나는 "할아바님! 고맙습니다!" 두 번 절을 올린 후, 구르듯 비탈길을 내려왔다. 조심스럽게 큰 오라버님에게 말했다. "남향사에서 저의 결혼식을 올려도 될까요?" 신문을 보고 있던 큰 오라버님이 놀라운 얼굴로 나를 바라보시다가 힘있게 말씀하셨다. "어르신들께는 내가 허락을 받으마!" 그 시대의 혼례식은, 신랑이 신부의 집으로 장가를 오는 것이므로 혼례식과 잔치 일체를 신부의 집에서 준비했다. 아버님이 안 계신 우리 집에서 아직 젊으신 큰 오라버님은 가장이셨다. 큰일을 앞두고 생각이 얼마나 많으셨을까.

 저 무거운 혼례복을 입지 않으려면 웨딩드레스를 구해야 한다. 기본적인 혼수 준비만으로도 버거운 우리 집 형편에 더는 바랄 수도 없는 일이었다. 그 시절에 웨딩드레스는 쉽게 구할 수 있는 옷이 아니었다. 나는 그날로 샘골에서 2km를 뛰어 미원장터로 가서, 버스를 타고 청주까지, 다시 버스를 갈아타고 초정약수터가 있는 내수 장터 당고모의 미용실까지 도착했을 때는 해가 거의 기울었다. 셋째 할아버지의 따님이신 당고모님은 "촌에서 찾는 이가 없어서, 이 드레스가 새 옷인 채로 검댕이가 되었다."고 하셨다. 당시 교육의 도시라고 일컬었던 청주는 아직은 산업화로 발전하지 않았지만, 그 무렵 '여성회관'에서는 신식 결혼식 문화가 서서히 일어나고 있었다. 그러나 면 단위 시골에서는 대대로 내려오는 관례대로 전통혼례였다. "제가 살려볼게요" 단호한 나에게 당고모님은 "네 어머니의 딸이니, 너라면 이 드레스를 살릴 수도 있겠구나. 너의 결혼식 날 내가 가서 머리를 만져주마."하셨다.

웨딩드레스를 가지고 집으로 돌아왔다. 바로 가게로 달려가서 가루비누를 샀다. 그 시절 신제품인 깔깔이 천의 잿빛 웨딩드레스를 방바닥에 펼쳐보았다. 치맛자락 앞면 가득, 아주 작은 구슬과 반짝이를 실에 꿰어 수를 놓은, 제법 우아한 그림의 드레스였다. 나는 작은 접시 세 개를 방바닥에 나란히 놓고, 저 희미해진 큰 그림을 꼼꼼히 눈에 담았다. 그리고 아주 작은 구슬, 조금 더 큰 구슬, 그리고 반짝이 장식들을 떼어 접시마다 각각 담아 두었다. 당시의 신제품인 가루비누 하이타이를 아낌없이 풀고 잿빛 드레스를 담갔다. 커다란 다라 가득 검은 물이 우러났다. 맑은 물이 나오도록 헹구고, 또 하이타이에 담그고, 세 번을 반복하여 하이타이 한 봉을 거의 다 썼다. 두 벌 세척으로 본래의 흰빛은 살아났다. 세 번째는 나의 강박이었다.

맑은 물에 헹굼도 반복에 반복을 거듭하고서야 빨랫줄에 널었다. 옷걸이에서 바람에 휘날리는 웨딩드레스는 눈이 부셨다. 나는 이제 백설 같은 웨딩드레스를 방바닥에 다시 펼쳐놓았다. 조리에 받혀 씻어 말려놓은 구슬 접시를 가까이 놓고 눈에 담아두었던 그림대로 한 땀 한 땀 수놓는 작업으로 또 하루가 갔다.

이러는 와중에 신랑 될 사람은 결혼식을 올리기 위해 제대 휴가를 왔다. 지금이라면 전화로 상황을 설명하고 사진도 보내주며 미리 상의를 할 수 있겠지만 그때의 연락 수단은 오직 편지뿐이었고 그마저도 전방부대까지 군사우편으로 주고받을 시간적 여유가 없었다. 결혼식을 하루 앞두고 휴가를 온 그 사람에게 나 혼자서 계획하고 추진해 온 상황을 이야기해주었다. 설명을 다 듣고 난 그 사람은 잘 알았다고 하였지만 결혼식을 올리고 곧 다시 귀대해야 하는 3박 4일간의 짧은 휴가였으므로 그 사람에게 무언가를 기대할 상황이 아니었다.

1971년 그때는 꽃을 파는 꽃집도 귀했지만 그나마 구할 수 있는 꽃은 흰 국화뿐이었다. 청주로 나가서 어렵게 구해온 하얀 국화꽃 다섯 송이에, 마을의 울타리를 뒤져서 얻은 사철나무의 새순을 묶어 화관을 만들고 부케도 만들었다. 드디어 결혼식 날이 밝았다. 미용실을 하는 당고모님은 약속대로 내수에서 새벽 버스를 타고 달려오셨다. 평소에 화장도 하지 않는 나는 언니의 립스틱을 얻어 바르고 고데기로 웨이브만 살짝 넣은 긴 생머리를 왼쪽 가슴께로 묶어 내렸다. 새 신부인 내가 하얀 웨딩드레스 자락을 풀밭에 끌며 보리밭 사잇길로 남향사 언덕을 오르는데!

풍금 연주의 결혼행진곡이 울려오는 것이었다. 놀란 나는 걸음을 멈추는데 5월의 산들바람에 산비탈 보리밭들이 온통 조용조용 리듬을 타며 살랑이고 있다. 고개를 들어 올려다보니 신랑은 세련된 검은 양복을 입고 남향사의 뜰에서 신부를 기다리고 있다. 주례로는 미원면장님이 서 계셨다. 시댁의 시부모님과 나의 어머니와 큰 오라버님은 내빈석 앞자리 의자에 근엄하게 앉아계시고 뜰 한쪽에 자리를 잡은 풍금을 힘차게 연주하는 분이 있었다. 혼인서약을 시작으로 면장님의 주례사와 색종이 테이프가 휘휘 날아오기까지 미처 예상도 상상도 하지 못했던 이 상황이 꿈만 같았다.

  시댁의 친지들, 그리고 시동생들, 시누이들은 자신의 고교 동창들을 초대하고 신랑의 대학 친구들과 태권도 창무관 관원들과 관장님, 그리고 지인들이 왔으며 결혼한다는 나의 편지를 받고 달려온 나의 친구 명숙, 영희, 학숙도 벌써 와 있었다. 나의 오라버님들과 그리고 언니들과 형부들, 조카들, 친척들, 그리고 마을 사람들을 거느리고 남양 홍씨 사당 남향사는 조상님을 모시고 큰 제를 올리기 전에 후손의 결혼식을 올리는 터 다짐의 경사로, 근엄하게 추녀를 한껏 들어 올리셨다.

결혼행진곡 연주는 미원국민학교의 풍금을 트럭으로 실어오신 학교 선생님으로 시아주버님의 친구이며 신랑신부의 대선배님이셨다. 고등학생인 막내 시누이는 축가를 불러주었다. 조용한 산골 마을 샘골에는 최초의 신식 야외결혼식인 진풍경이 벌어진 것이다. 사방에서 던지는 색종이 테이프가 신랑 신부를 휘감으며, 양가의 부모님과 친지 내빈들의 사진 촬영으로 결혼식을 마무리하며, 5월 샘골에는 남양 홍씨 집안의 방과 마당에 잔치, 잔치가 열렸다.

샘골에 울려 퍼지는 풍금의 결혼행진곡에 비탈진 청보리밭도 남산 들판의 못자리판들도 5월 훈풍과 더불어 왈츠를 추는 산골에서 나의 결혼식 장면을 부지런히 카메라에 담는 이들이 있었다. 한 사람은 미원장터에서 사진관을 운영하는 신랑의 어릴 적 친구 박정하씨로 결혼식의 처음부터 신랑 신부가 색종이테이프 세례를 받기까지 긴 다리가 받치고있는 커다란 사진기를 끌어안고 뛰어다녔다. 또 한 사람은 나를 막내동생으로 귀애하시는 새언니의 친정 여동생이었다. 독실한 기독교 신자로 후에 목사님이 되신 시대의 지적인 여성, 미쓰 변종명씨가 휴대용 카메라도 귀하던 그 시절에 찍어준 여러 장의 사진 중 한 장의 스냅사진이 있다.

그 사진은 눈처럼 하얀 드레스를 입은 신부가 한 손에 부케를 들고 청보리밭을 걸어가는 흑백 스냅사진이다. 뒷동산 솔숲도 부풀며 송화를 날리는 산골, 1971년 5월 16일 청보리밭의 흑백사진 속 신부는 미소로 또렷하게 말하고 있다. '진취적인 나의 성취감을 5,000만 화소의 선명도로 기억하리라'며 눈처럼 하얀 웨딩드레스를 청보리 이랑 사이로 날린다.

풍금 연주의 결혼행진곡에 맞춰 시집가는 스물네 살 산희의 인생 행진 첫걸음이다. 나를 낳아주고 길러준 샘골의 5월은 참 소박하게 아름다웠다. 그날의 멋진 신랑은 나의 큰 오라버님께 약속한 대로 50대 후반의 고등학생인 나의 학부형이 되어 주었으며 학사모와 가운을 입고 문학사 학위증을 받는 아내를 축하해주었다.

편안한 노년의 생활로 숱 짙은 눈썹이 되살아난 남편은 식사 후의 시간이면 내가 가꾸는 작은 뜰의 꽃들을 바라보며 함께 커피를 마시는 소박한 시간을 즐긴다. 그날 원삼 족두리가 아닌 눈부신 웨딩드레스를 입고 청보리밭 사이로 걸어오는 신부를 상상도 하지 못했노라고 회상한다. 청보리밭 사이를 걸어가다가 풍금 연주의 결혼행진곡에 놀랐던 나의 생생한 감회와 함께 우리의 흑백사진 타임머신은 시간표가 없다.

아름다운 몽산포

1.

태안반도 해안에 사람들이 하얗게 앉아서 걸레질을 하고 있다. 무슨 일이 일어났는가! 2007년 12월 TV 화면 가득 온통 검은 바다가 넘실대고 있다. 갯바위도 갈매기도 사람들도 모두 검은 기름 범벅이다. 어떻게 이런 일이 일어날 수 있는가?

그 바다는 청정하고 아름답고 순박한 정이 넘치는 사람들의 터전이었다. 우리 가족은 1972년부터 태안반도의 몽산포 해수욕장에서 1~2킬로쯤 떨어진 달산리 농가에서 3년 동안 살았었다. 그때의 추억이 해송 향처럼 진하게, 대숲처럼 푸르게 우리 가족의 삶 속에 너울너울 살아있다. 우리 부부는 이 기간을 '신혼여행 기간'이라 명명하고 행복하게 회상하는 특별한 곳이다.

그때의 사진 한 장을 꺼내본다. 달산리의 삶 9개월째에 태어나, 막 5개월이 된 큰딸을 안고 갯바위에 앉은 남편의 옆에서 내가 푸른 하늘 아래 환하게 웃고 있다. 우리 부부가 20대 중반을 넘어가는 신혼기 사진이다. 그 당시 모래가 섞인 뻘밭의 몽산포와 그리고 미역 줄기가 여기저기 밀려와서 널려있는 안면도 해변은 거의 원시 상태라 할 수 있었다.

1972년 3월 중순 어느 날 나는 내륙지방에서도 깊숙한 당시 충북 청원군 미원면 장터에서 완행버스를 타고 시어른들의 배웅을 받으며 낯선 바닷가 마을을 향해 혼자 길을 나섰다. ROTC 출신 장교로 군 제대를 하고 충남의 임용고시를 통해 교사가 된 남편의 첫 부임지가 당시 충남 서산군 남면 달산리에 있는 서남중학교였다. 이 학교는 몽산포 해수욕장이 있는 농어촌에 1972년 3월 문을 연 신설 중학교였으며, 남편은 체육 교사로 첫 발령을 받고 입학생들을 받기 위해 먼저 임지로 떠났었다.

우리의 신혼살림 방을 마련한 남편은 주말을 틈타 나를 데리고 가기 위해 고향으로 와서, 내게 버스노선을 자세히 일러주고 신혼살림을 실은 트럭 편으로 새벽에 먼저 떠났다. 지금이야 전 국토가 반나절 시간대로 가까워졌지만 그때는 사정이 달랐다. 고향인 미원장터에서 완행버스를 타고 청주까지, 다시 완행버스를 갈아타고 도계를 넘어 충남 조치원을 거쳐 천안으로 해서 안면도로 가는 완행버스를 갈아타야만 했는데 버스는 천안에서 온양, 합덕, 당진에서 다시 안면도행 버스를 갈아타고 서산을 지나 태안에서 몽산포 해수욕장이 있는 남면 장터까지 무려 7~8시간쯤 걸렸었다.

초행의 먼 길, 두렵고도 설레는 마음을 안고 천안 시외버스 터미널에서 버스를 갈아탔을 때는, 서산瑞山까지만 가면 차창 밖으로 넘실대는 바다가 보이리라는 기대감에 두려움은 말끔히 사라졌다. 사실 나는 그때까지 바다를 한 번도 본 적이 없었다. 한복을 곱게 차려입은 새댁은 한 손에 작은 구슬 백을 받쳐 들고 그 먼 길을 단정한 매무새를 고수하며 졸음조차도 없이 그렇게 창밖만 주시했었다. 군·면 소재지는 말할 것도 없고, 가며 가며 산재해 있는 한길가의 시골 마을마다 내리고 타는 사람들의 말씨가 점점 느려지며 정감 어린 특유의 사투리로 보아 서산을 지나 태안을 들어서는 듯한데 가도가도 바다는 보이지 않았다. 낮은 구릉과 솔밭과 대밭에 둘러 안긴 외딴집이 몇 뙈기 논과 밭을 거느리고 있는 독특한 시골 풍경의 연속이었다. 내가 태어난 산간 내륙지방에는 높고 낮은 산을 끼고 크고 작은 마을에 집들이 머리를 맞대고 있으며, 넓거나 좁은 골짜기를 이루며 들판으로 흐르는 내를 끼고 논과 밭들이 펼쳐져 있다. 태안반도의 대숲에 둘러싸인 외딴집은 고집스럽게 외로워 보이면서도 시야가 탁 트인 들판의 풍광은 시원스러웠다.

물어물어 드디어 남면 달산리에서 잠시 정차하는 버스와 작별하고 흙먼지 이는 신작로를 하얀 버선에 흰 고무신을 신은 나는 십여 분을 걸어갔다. 남편이 설명해 준 대로 동산의 솔밭 속으로 난 황홀할 정도로 붉은 속살의 황톳길로 올라섰다. 아직 습기도 마르지 않은 빨간 속살을 드러내고 있는 운동장, 저만큼 언덕에 새로 지은 조그만 교사 한 동만 오도카니 서 있는 '서남중학교'에 도착한 것이다.

바다는 어디에도 보이지 않았다. 내가 버스로 온 길이 내륙으로 내륙으로 이어지는 태안반도 해안의 농촌 마을이었다는 사실을 알기까지는 계절이 바뀌고도 한참 후였다. 이곳의 마을 형태는 소나무 동산 아래 대숲에 둘러싸인 외딴집과 그 집 주인의 경작지, 또 저 건너 또 그만큼의 대숲과 외딴집들이 고즈넉하게 앉아 있는 참 평화로운 농어촌이었다. 1972년 당시의 풍경은 그랬었다.

주거형태 또한 독특했다. 한결같이 대숲에 둘러싸인 기역자 집에 잇대어 이엉으로 지붕을 얹은 낮은 토담을 둘러친, 완벽한 미음 자 집이었다. 담 안의 깨끗한 안마당에는 물을 퍼 올리는 펌프가 있고 정갈한 부엌이 딸린 반듯하고 소박한 주거공간이 있다. 타작에서 모든 허드렛일까지 이루어지는 바깥마당에서 바로 펼쳐지는 밭이며 논과 같은 경작지가 대개 자기네 집 주변에 있어 일하기에 효율적으로 배치되어 있었다.

그 정갈한 집안의 방 하나를 낯선 사람들에게 기꺼이 내어주던 참 품이 넓은 인심의 고장이었다. 나는 농사일도 갯일도 모르면서 함께하는 즐거움만으로 밭으로 갯가로 이웃 아주머니들을 따라다니며 감탄하기에 바빴었다. 대파와 양파 잎을 구분하지 못했고 바지락과 자갈을 구별하지 못해 혼동하는 등 어설픈 나를 아주머니들은 신기해하며 보듬어 주었었다.

이 모든 풍광 중에도 가장 신선하고 아름다운 그림이 있다. 집집이 토담 벽에 널어 말리는 김발들이었다. 집을 둘러싼 양지바른 토담에 짚으로 짠 깨끗한 거적을 둘러치고 한 장씩 직사각형 틀로 떠내는, 대나무 발의 윤기 흐르는 까만

김을 일정한 간격마다 꼬챙이로 찔러 널어놓는다. 맑고도 차가운 3월의 바람에 광채를 띠는 검은 유리 창문 같았다. 노란 볏짚으로 엮은 거적에 일정한 간격으로 담 가득하게 널려있는 까만 김발과 눈부신 봄 햇살은 그대로 풍경화였다. 고흐의 해바라기보다도 생생하고 아름다운 생존의 벽화였다.

휴일이면 남편과 함께 멀리서 들려오는 파도 소리를 따라 들길 2km 남짓 걷다 보면 해송 너머로 멀리 나갔다가 들어오는 바다가 보인다. 한참을 걷다 보면 수많은 생명이 깃든 몽산포 갯벌이 드넓게 펼쳐있다. 나의 태중에서 자라는 아기의 태동에 화답하는 듯한 먼 파도 소리는 자연이 주는 태교 음악이었다. 그곳에서 태어난 나의 두 딸은 바다가 들려주는 태교 음악을 들으며 태어났다. 몽대 앞바다에 이르러 멀리까지 물이 빠진 뻘밭을 한참 걷노라면 문득 마주하게 되는 구렬포는 살아있는 신기루였다. 긴 뻘밭을 걷다가 갑자기 눈앞에 나타나는 거대한 갯바위 사이로 솟아오르며 포효하는 파도는 충격으로 두렵기도 하였고, 생전 처음으로 느껴보는 황홀함이었다. 그 파도에 수수만년 부대끼며 깨지는 둥실둥실 커다란 몽돌들과 작은 몽들들이 재재굴재재굴 끝없는 이야기를 들려주었다. 밀려왔다 밀려가는 파도를 맞으며 뛰기도 하고 한가로이 걸으며 태중의 내 아기들에게 촤르르 멀어졌다가 달려오는 파도 이야기를 들려주며, 걸어보던 구렬포구는 잊을 수 없는 경이로움이었다.

2.

그 아름다운 바닷가에서 두 딸을 낳아, 몽산포의 파도 소리 들려주며 사는 3년 동안 바지락과 어리굴젓은 사철 풍부했으며 주꾸미, 갑오징어, 은갈치, 쥐치, 참도미, 꽃게, 해삼에 이르기까지 배에서 갓 받아서 이고 온 성성한 제철 생선들의 살아있는 모습은 너무나 신기해서, 오히려 입맛에 익숙해지는 데는 시간이 필요했었다. 산골에서 자란 나로서는 한겨울 어머니가 겨울 장에 가서 사오시는 생명태만이 가장 신선한 생선이었다.

도시에서는 새벽이면 골목을 흔들며 능청스러운 생선 장수 목소리가 잠을 깨웠었다.

"눈을 껌뻑, 껌뻑, 떴다~ 감았다~ 하는 꽁치 사아려!"

"이리 돌아누웠다, 저리 돌아누웠다 하는 성성한 고등어 사아려!"

라며 외치는 생선 장수의 걸쭉한 사설이 아침을 신선하게 여는 애교스러운 과장법쯤으로 여기며 살았었다. 그런데 남면 달산 장 아주머니들의 고무 다라에서 정말로 펄떡이는 참돔, 물을 찍 쏘는 냄비뚜껑만 한 갑오징어들을 보고 얼마나 신기했던가. 그 두툼한 갑오징어 한 마리에 애호박 숭숭 썰어 넣고 매운탕을 끓이면 커다란 냄비 그들먹하게 무거웠었다.

수평선을 바라보며 갈매기들과 함께하는 태안반도의 해변은 신혼 시절의 산책로였다. 높은 파도를 보고 싶으면 비바람 부는 검은 몽산포로 나아가 집채 같은 해일을 지켜보며 두려움과 희열 속에 휩싸였고 안면도의 하얗게 빛나는 백사장을 걷다가 커다란 글씨로 '축 첫아기 임신'을 써놓고 행복했었다. 몽산포 해수욕장의 여름이면 서남중학교 학생들은 그 마을 역사이래 처음으로 체육 교사인 남편의 수업으로 수영을 배울 수 있었다. 바닷가 아이들은 수영을 다 할 수 있는 줄 알았었다. 그때 수영복을 처음 입어본다는 여학생들과 함께 어울려 나도 아기들과 함께 드넓은 바다가 주는 생명감으로 황홀했었다.

'거아도' 작은 섬으로 소풍을 갈 때였다. 파도에 일렁이는 작은 쪽배에서 두려움과 흥분으로 바라보던 망망한 서해!

저 멀리 파도를 넘어오던 돌고래 떼의 광경에 감격과 전율을 잊을 수 없다. 태어나서 처음 타보는 배, 처음 보는 돌고래들, 끝이 없는 바다에서 몰려오는 파도, 그것도 넘실대는 파도를 타며 떼 지어 헤엄쳐오는 돌고래 떼의 역동적이고 환상적이던 광경은 내 삶 속의 살아있는 오아시스이다.

몽산포를 안고 있는 남면 달산마을 뒤쪽으로는 긴 갯골이 있었다. 산책으로 집을 나서면 작은 동산에 소박한 과수원이 있고, 그 과수원 길을 따라 솔밭 등성이로 오르면 바닷물이 빠진 검은 갯고랑이 길게 보인다. 그 뻘밭 가득 빨간 들꽃이 만발한 줄 알았다. 그런데 우리 부부가 등성이로 한 발 올라서자 꽤 먼 거리의 깊은 갯골, 그 빨간 꽃들이 일순간에 사라지는 것이다. 놀라움이 가라앉기도 전에 다시 갯바닥을 빨갛게 물들이는 그 꽃송이들은 바로 농게 떼였다. 그 순간의 생동감을 돌이켜 생각할 때마다 그곳은 살아있는 자연의 보고였다. 어른 엄지손가락 한 마디쯤 되는 몸통에 아기 엄지만 한 기형적인 엄지발가락 한 개만 불에 덴 것처럼 빨갛게 부풀어 오른 이 작은 게들은, 갯벌을 둘러싼 언덕을 오르는 작은 기척의 울림을 인지하는 순간에 일제히 사라진다. 그 순간 적막만이 흐르는 갯벌 위에는 허옇게 마른 뻘을 뒤집어쓴 갯 고동이 고무래로 긁어서 퍼담을 만큼 널려있었다. 그 빨간 발 '농 게젓'은 이곳 사람들의 요긴한 밑반찬이었다. 고랑, 고랑 살아있는 갯고랑들은 그곳 사람들의 식량 창고였다.

3.

이처럼 풍요로운 바닷가에 사는 사람들의 인심 또한 잊을 수가 없다. 신설 중학교이므로 초등학교를 갓 졸업한 입학생들부터 때를 놓친 나이 든 학생들까지 학구열은 대단했으며, 학부모님들 또한 중학교에 다니는 자녀들이 대견한 만큼 선생님들과 그 가족들이 외지에서 들어온 사람들임에도, 아끼며 보살펴 주었다.

잊을 수 없는 남면 달산리 어르신들을 생각할 때마다 우리 가족을 그토록 아껴 주시던 집주인 내외분과 나를 좋아라 따르던 어린 자녀들, 그리고 그 이웃분들의 훈훈한 정은 항상 가슴에 생생히 살아있다. 몽산포 생활 3년이 흐른 1975년 겨울방학에 고향 집으로 와서 머물고 있을 때였다. 방학이 거의 끝날 무렵, 생후 7개월을 맞은 둘째 딸이 심한 폐렴으로 청주의 병원에 입원하게 되었다. 그 와중에 남편은 고향 가까운 학교로 도간 전출이 되었다. 나는 달산으로 돌아가지 못한 채 부랴부랴 시댁 어르신들이 이삿짐을 실어오셨고 위중했던 아기가 완쾌한 후에 곧바로 고향 가까이 이사 온 집으로 들어가게 되었다.

막상 고향 가깝게 와서 살게 되니 작별 인사도 나누지 못한 달산리 집 아주머니가 늘 그리웠다. 배포도 힘도 여장부로 마음이 참 따듯하신 아주머니였다. 전기도 전화도 없던 오지에서 내가 집에서 첫아기의 난산으로 사투를 벌이던 밤, 온 가족과 그 친척분들까지 밤새 마당에서 얼마나 애를 태우며 지샜던지 날이 밝자마자 아기를 보러 방으로 들어오신 아주머니는 벌겋게 부풀어 오른 입술에 눈물을 글썽이며 몸이 부어 눈도 잘 떠지지 않는 내 손을 잡고는 "사모님을 그만 놓치는 줄 알았쇼!" 하시던 아주머니였다.

늘 마음은 그곳으로 달려가도 나는 아기 둘을 더 낳아 4남매 아이를 키우느라 안부 편지도 드리지 못했다. 문득문득 그리움이 밀려와도 편지 쓰기를 미루며 아주머니의 정겨운 사투리 이끔(지금), 오노서(와서), 알래(…할 거야), 끄럭께(그저께), 안(아니), 널러(날다), 꺼불어(까불어) 등 재미있는 몇몇 사투리를 노래처럼 외우며 언젠가는 꼭 찾아가 뵙자, 우리 부부는 다짐만 하는 사이 시간은 빠르게도 흘러갔다.

달산리를 떠나온 지 24년 만에 우리 내외는 두 분의 내의며 장성했을 자제들의 선물을 챙겨 몇 달 전에 떠나오기라도 한 것처럼 설레며 우리가 살던 집을 찾아갔다. 세월이 무심하다 하기로 우리를 맞아주는 것은 그 푸르던 대밭도 정갈하던 바깥마당도 다 사라지고 풀만 무성한 음산한 빈집이었다. 스물네 해, 돌이켜보면 짧다고 할 수는 없지만 연세도 그리 많지 않으신 아주머니 내외분, 두 분 다 돌아가시고 남은 것은 빈집뿐이라니! 밭에서 일하던 낯선 아주머니는 간결한 설명 끝에 큰 아드님을 따라 서울 가서 사시던 아주머니는 선산으로 돌아오신 지 달포밖에 되지 않았다는 말이 우리 마음을 더욱 아프게 했다.

그때의 지명으로 서산군 남면 일대의 소년 소녀들의 배움의 요람이던 서남중학교도 학생 수가 줄어, 면 소재지에 있는 초등학교와 통합이 되었다고 했다. 그립던 중학교마저 마지막 이전 단계에서 쓸쓸히 우리를 맞아주었다. "산을 깎아내리고 벌겋게 척박한 땅을 다지며 만든 학교 교지인데……, 화단의 조약돌 하나까지도 내 손 가지 않은 것이 없는데……." 남편은 빈 교정에서 홀로 청청한 아름드리 소나무를 어루만졌다. 우리는 서로 말없이 바람 부는 저물녘

몽산포 갯벌을 걸어 구렬포를 찾아갔다. 그러나 그 웅장하던 구렬포도 어디가 어디인지 가늠할 수 없었다. 종일 아무것도 먹지 않은 우리는 허탈해진 채 밀려드는 바다만 바라보았다. 검은 뻘밭을 달려오는 파도는 옛 바다 그대로이다. 20대 신혼이던 우리가 50대가 되어서야 찾아왔으니 무심한 건 세월이 아니라 사람이었다. 무심한 사람은 바로 나였다.

1973년에 찍은 우리 가족 사진 속에는 그때의 그 풍경들이 그대로 머물러있다. 솔밭 아래 펼쳐져 있는 바다! 8km나 뻗어있는 몽산포 해수욕장은 방파제 너머이고 태어난 지 5개월 된 첫 딸과 우리 내외가 환하게 웃으며 발 딛고 있는 지점은 몽대 앞바다다. 썰물이 나간 갯바위에는 굴이며 따개비들이 층을 이뤘었다. 활달하시던 아주머니가 조새 꼬챙이로 콕콕 찍어내어 먹여주던 그 깨끗한 석화 밭, 우리가 달려가서 몇 년을 닦아줘야 저 해변에 저 갈매기들이 이전처럼 날아오를까. 손에 손에 걸레를 들고 저 검은 바다를 닦아주는 아름다운 손길로 태안반도에 하루빨리 생기가 돌기를 기원한다.

오늘 재미있었던 일은?

—1994년 3월 22일

3월의 비, 아침부터 부슬비가 내린다. 겨우내 들떠있던 흙을 차분하게 다져준다. 엉성해 있던 식물들의 뿌리를 화단의 흙이 힘껏 붙잡아 주고 있다. 이제 비가 그치고 4월이 오면 힘찬 새싹들이 올라오겠지. 부드러운 흙 속에 뿌리를 쭉쭉 뻗으면서. 아! 얼마나 가슴 두근거리는 탄생인가. 화단을 둘러싸고 있는, 크고 작은 돌멩이들이 빗물을 머금으며 생동감이 넘친다.

따듯한 남녘의 겨울에 꽃피우는 어린 동백나무 한그루를 부산에 사시는 큰 형부께서 들고 오셨다. 추운 중부지방의 겨울을 화분에서 적응시켜 작년 봄에 화단에 심었다. 가녀린 나무가 추위를 견뎌내고 이제 꽃봉오리를 터뜨리기 시작한다. 지난겨울, 중부지방의 매서운 바람, 눈보라와 영하의 온도에 힘들었던지 꽃이 작고 모질게 피어난다.

장하다. 대견하고 고맙다. 남편이 좋아하는 작약은 작년 가을에 옮겨 심은 탓에 가녀린 새싹을 빨갛게 올리고 있다. 내년이면 튼튼한 뿌리로 실한 꽃을 피워 남편을 기쁘게 해주리라. 저 새싹들이 나에게 내일이 있고 내년을 꿈꿀 수 있는 희망이 있다고 말해주는 것 같다.

계절이 바뀌면 어김없이 싹이 돋고 잎이 피고 꽃이 피는 식물들이 새삼 위대하다. 해를 거듭하면서 피고 지는 자연의 섭리를 의심한 적이 없다. 자연의 순환 속에서 어머니로부터 태어나서 마흔일곱 해를 살아왔다. 이제야 비로소 나를 돌아본다. 나는 진실하게 살아왔는가. 나는 무엇을 위해 살아왔으며, 왜 살고 있는지를 생각해 보았는가. 나는 이 땅에 생존해 있을 날이 앞으로 몇 달일까. 몇 년일까. 나에게 살아있어야 할 이유는 있는가. 나는 자신을 사랑했는가. 나의 삶은 왜 소중한가. 3월의 비가 소리치며 내린다. 잎, 잎을 빗방울에 맡긴 채 동백꽃이 비에 젖고 있다. 혼란스러운 나의 사념 속으로 빗소리가 흘러들어온다.

-1995년 4월 10일

집안이 텅 빈 것 같다.

방마다 아이들이 자기 일에 묻혀있으면서 도란도란 말소리,

웃음소리, 시계의 초침 소리, 문 여닫는 소리, 익숙한 낮은 소음들로 집안은 평온하다. 이 평온한 집, 내 아이들 말소리가 얼마나 그리웠던가. 내 아이들 곁으로 돌아온 나는 지금 왜 이리 공허한가. 집안에 가득한 온갖 소리 중에 꼭 있어야 할 한 사람의 소리가 비어있다.

남편의 소리, 바로 그의 말소리, 웃음소리, 전화 받는 소리, 아이들에게 다정하게 하루의 일과를 묻는 소리, 또는 엄하게 타이르는 소리, 콧노래 소리, 온 집안을 돌며 이것저것 정리하는 소리, 그리고 우리 집의 배경음악으로 흐르는 그의 분신인 라디오 소리, 그 많은 소리 중에 "오늘 재미있었던 일은?" 하고 나에게 묻는 기대에 찬 음성, 내가 오늘의 아이들 일과를 큰딸의 이야기부터 하나 둘 꺼낼 때까지 계속 묻는 사람, 집안을 가득 채우는 남편의 소리가 없다. 집안이 통째로 빈집인 것 같다.

우리는 결혼을 하고 24년째, 아이들이 며칠간 수학여행이나 MT를 갈 때 말고는 아이들과도 헤어져 있을 일이 없었다. 남편은 학교의 선수들을 경기에 참여시키기 위해 짧게는 1박 길게는 일주일까지의 출장이 있어 집을 비우는 일 아니고는 '세상에서 제일 좋은 우리 집'이 '나의 쉴 곳'이라고 하는 사람,

남편은 가정이 소중한 사람이다. 나와 아이들은 그의 모든 것이다. 자신의 삶을 사랑하는 사람이다.

남편은 오늘 태권도시합에 출전하는 선수들을 데리고 일주일간의 출장을 떠났다. 나는 1993년 8월 18일 유방암 판정을 받은 후, 가슴 한쪽을 잃었다. 감당하기 힘든 상실감에서 아직도 헤어나지 못하고 있다. 남편 앞에서는 의연하다. 내가 한 달 만에 병원에서 돌아온 후, 아이들은 훌쩍 어른이 된 것만 같았다. 아직 회복하지 못하는 엄마를 배려해서인지 아이들은 조용하다. 집안이 온통 빈집 같다. 때로는 자상하게 때로는 과묵하게 굳건한 버팀목인 남편에게 내가 감추고 있는 이 상실감을 들키는 일은 없어야 한다.

이렇게 혼자가 되는 시간이면 나는 무너지고 만다. 나는 내가 무엇을 해야 할지를 잊은 사람 같다. 망망대해에서 엄마 손을 놓쳐버리면 이렇게 눈앞이 캄캄하겠구나. 병원에 입원하고 있을 때였다. 마침 여름방학 기간인 한 달 동안의 입원치료 기간 내내 남편은 내 옆을 지켜주었다. 다인실의 빈 침대가 없어서 들어간 2인실의 침대 하나를 퇴원할 때까지 쓰게 되었다. 한 침대는 대기 환자가 잠깐씩 머물다 떠나고는 하였다. 몸집이 큰 편인 남편은 밤마다 보호자용 간이침대에서 새우잠으로 곤한 잠이 들었다. 병원의 복도가 고요해지고 밤이 깊어지면 아이들 생각으로 소리도 낼 수 없이 눈물이 흘렀다. 나는 집으로 돌아가지 못할 것만 같았다.

대학생이 된 큰딸과 둘째 딸은 엄마가 없는 집에서 연로하신 할머니를 모시고 동생들을 돌보며 학교 다니느라 얼마나 힘이 들까. 그래도 두 딸은 제 앞가림은 할 나이가 되었다. 셋째 딸은 이제 고등학교 2학년이다. 가슴이 시리다. 혼란스럽겠지만 제 언니들을 따라 잘해나갈 것이다. 이렇게 안쓰럽고 미안한 마음으로 짚어나가다 이제 중학교 2학년인 아들 생각에 나는 가슴이 무너져 내렸다. 나는 집에 돌아가지 못할 것만 같다. 이제 한창 사춘기에 들어선 아들이다. 엄마 없이 누구를 의지하며 저 천방지축 사춘기를 건널까. 늦은 8월의 밤 매미들은 밤마다 나의 소리 없는 울음을 감춰주느라 동이 트도록 그칠 줄 몰랐었다.

퇴원을 며칠 앞두고 집도 오래 비웠고 학교도 궁금하니 잠시 다녀오겠노라고 남편이 말할 때 나 혼자 병원에 남는 것이 두려웠다. 작은언니가 내 옆을 지켜주어도 두려웠다. 눈물을 보이지 않으려고 애를 썼지만 나는 울음을 터뜨리고 말았다. 남편을 따라 아이들이 있는 집으로 함께 돌아가고 싶었다. 나 혼자가 되면 영영 집으로 돌아가지 못할 것만 같았다. 지금도 두렵다. 혼자 있는 이 시간이 캄캄하다. 이 상실감이 나를 삼켜버리고 말 것 같다.

―1995년 4월 21일 금요일

오랜 가뭄 끝에 단비가 내린다. 나 혼자뿐인 공간에 음악이 흐른다. 남편과 아이들이 아침 이른 시간에 집을 떠나면 종일토록 저녁 시간까지 혼자가 된다. 책을 읽기도 하고 잠도 자 본다. 아직 회복되지 않은 몸으로 청소와 세탁이며 없는 기운이 다 소진되도록 일거리를 만들어도 너무나 긴 하루다. 대인기피증까지 왔다. 밖으로도 나가지 않으니 내 안의 두려움이 나를 잡아먹을 것만 같다. 작은 언니에게 전화로 하소연하니 항상 라디오를 켜놓고 있으라고 한다. 엄마처럼 따뜻한 언니들이 고맙다. 엄마가 살아계셨으면 얼마나 가슴 아파하실까.

정적 속에서 음악은 위로가 된다. 지금 창밖은 봄비가 촉촉이 내리고, 집안으로 가득 음악이 흐르고, 나는 창가에 의자를 당겨놓고 단비를 맞으며 쑥쑥 자라는 새 움들을 바라본다. 어떤 음악이라도 괜찮다. 순간순간 나를 깨우듯

퉁겨주는 기타의 음률과 조용한 음색의 목소리가 빗물처럼 흘러간다. 계절은 언제 이처럼 가까이 다가왔을까. 몇 그루 안 되는 꽃나무와 감나무가 잎이 피고 꽃이 피고 열매가 열리고 지고 봄이 되어 다시 새잎이 뾰족뾰족 돋아나오는 과정을 생각해 본다. 나의 삶도 갈피마다 잎을 피우며 가꾸어 왔었다. 어김없이 반복되는 하루하루가 달로 쌓여 계절을 반복하며 오늘 또 저 빗속으로 내 삶이 무심히 걸어가고 있다.

−햇살이 눈부시다. 나는 엎드려서 마루를 닦는다. 나이테가 울퉁불퉁 드러나고 해묵은 때로 반질한 정든 마루를 정성스럽게 닦는다. 내가 태어나고 자라면서 철들어 닦기 시작했던 고향 집 마루다. 공들여 마루를 닦다가 안방을 들여다보았다. 밝은 햇살로 환한 안방은 어릴 적 어머니의 체취 가득한 포근함이 그대로 머물고 있다. 그런데 방 가운데 아기가 누워 잠들어있다. 가만히 들여다보려니 아기가 눈을 반짝 뜨며 나를 바라본다. 아, 그 아기는 내가 낳은 아기였다. 백일을 막 지났을…….

그런데 그 아기는 첫째 아기도, 둘째 아기도, 셋째 아기도, 막내 아기도 아닌데 나의 아기였다. 아기는 자리에서 일어나 앉더니 나를 바라보며 방긋 웃었다. 아! 그러고 보니 아기가 배가 고프겠구나. 젖 먹인 지가 한참 되었지? 언제 먹였더라? 한 시간 전? 몇 시간 전? 아니야, 어제던가? 아니 아니 더 오래전인 것 같다. 사흘도 훨씬 넘었나? 얼마나 배가 고플까 팔을 벌려 아기를 안아서 무릎에 눕히고 익숙하게 왼쪽 젖을 꺼내는데 아기는 어미가 젖을 꺼내는 동안 팔다리를 내저으며 흐응흐흥 젖 재촉을 한다.

나는 퉁퉁 불은 왼쪽 젖을 아기의 입에 물렸다. 아기는 두 손으로 팽팽하게 불은 젖을 끌어안고 힘차게 빨았다. 순간 몸속을 찌르르 돌며 진한 젖이 쏟아졌다. 아기는 쏟아지는 젖을 미처 다 먹지 못하여, 흘러 온통 얼굴이 젖으로 흠뻑 젖는다. 그렇다! 아가야 개똥참외란다. 아가야 개똥참외 맛있느냐? 내 아가들이 젖을 먹을 때면 언제나 풍족하게 쏟아지는 젖을 탐스럽게 먹는 아가들에게 건네는 남편의 감탄사다. "우리 아기 개똥참외가 맛있지?" 하면서. 젖으로 흠씬 젖는 아기 얼굴을 들여다보며 나는 참으로 오랜만에 세상을 다 끌어안은 어미만이 느낄 수 있는, 찌르르한 안정감에 소스라치게 놀라 자리에서 벌떡 일어났다.

나는 황망히 왼쪽 가슴을 손으로 더듬어 보았다. 맨바닥에 웅크린 짧은 낮잠 속의 꿈이었구나! 내가 낳은 아이들이 먹고 남도록 고이던 나의 왼쪽 개똥참외를 버려야만 했다. 나는 꼭 그래야만 했을까? 왼쪽 가슴에 대한 상실감에서 벗어나지 못하고 있다. 참으로 어이없게도 밑둥 잘린 벚나무 고목에서 싹이 돋는 것처럼 어느 날 살포시 사춘기 소녀 때의 젖 몽오리가 내 가슴에 돌아오는 것만 같은 상처의 가려움을 어루만진다. 옛날로 돌아갈 수는 없지만 그 황홀한 꿈속에서처럼 내 마흔일곱의 봄이, 나의 뜰에서 온갖 새 움들에게 젖을 물리고 있다.

−1996년 8월 23일 금요일

남편의 대학원 졸업식과 석사 학위식이 있는 날이다. 감회가 깊다. 아주 오래전 더 젊은 날에 이뤘어야 할 학위이다. 빠듯한 삶에 밀려 이제 오십이 넘은 나이에 석사 학위를 받는 남편이다. 청년이었던 남편은 온갖 바람의 무게가 다져놓은 느티나무처럼 이제 중후한 중년이다. 석사모를 쓰고 나에게 웃어 보이며 고맙다고 말한다. 나는 남편에게 꽃다발을 안겨주었다.

멀리서 우리 아이들이 오고 시어머님과 온 가족이 모여 기념사진 촬영도 하며 우리는 함께 이룬 성취감으로 하루를 보냈다. 성취한다는 것에 대해 생각해 본다. 나는 무엇을 하며 그 긴 시간을 살아왔을까. 왼쪽 겨드랑이 임파선절제 배양 결과 '암세포 전이 없음'으로 판정받은 후, 나는 정기적으로 병원 진료를 받으러 서울을 오르내린다. 이제 나를 위해 무엇을 할 것인가.

-1996년 12월 20일 금요일

12월 중순에 세브란스병원에서 정기검진과 뼈 촬영을 하였다. 암세포가 뼈로 전이될 가능성에 대한 검사였다. 일주일 만에 검사결과를 보기 위해 서울을 갔다. 매번 그랬듯이 지하철에서 내려 병원으로 가는 중, 긴장을 너무 한 탓에 신촌사거리에서 넘어져 무릎이 깨졌다. 집에서 버스터미널까지 데려다주는 남편도 나도 말이 없었다. 나는 두려워서 병원에 가고 싶지 않았다. 남편이 버스에 오르는 나를 다독이며 '걱정하지 말고 편안하게 다녀와요'라고 말했을 때 나는 웃음 지었지만 울고 싶었다. 유방암 수술을 한 지 3년째, 병원복도에서 진료 차례를 기다리며 나는 도망치고 싶었다.

불안을 이기려고 손에 들고 있던 시집을 펼쳤는데 '무언가 찾아올 적에는 같이 살자고 찾아온다는 걸 알아차렸다'라는 시구가 눈에 들어온다. 하종오 시인의 「무언가 찾아올

적엔」이라는 시 속의 한 구절이었다. 불현듯 내 눈에 들어온 이 시구를 몇 번이고 되뇌어 보았다. 나는 결연하게, 그리고 다정하게 속삭였다. '아! 그랬구나. 함께 살아보자고 네가 나를 찾아온 거야? 그렇다면 함께 살아보자. 우리!'

나의 뼈 사진을 앞에 두고 의사가 말없이 들여다보고 있는데 참으로 긴 시간이었다. 나의 숨이 멎었다고 생각을 했다. "좋습니다." 아무렇지도 않게 의사는 6개월 후 검사 예약날을 잡아 준다.

두려움을 포장하는 방법

오래 꿈꾸어 왔었다. 동화책 속 '알프스의 소녀 하이디'는 여리고도 야생적인 손으로 어린 나의 손을 잡고 거친 알프스를 뛰어다녔다. 하이디는 자신의 다락방 창문을 열어 알프스 밤하늘의 별들을 나에게 보여주었다. 새 동화책에서 맡았던 잉크 냄새, 그리고 유럽인들의 생활양식, 사고방식들은, 어린 나의 정서를 이성적인 면으로도 감각을 키워주었다. 손을 베일 듯한, 새 책의 **빳빳한** 표지를 열 때의 표현할 수 없는 그 촉감이 나의 손을 타고 온몸으로 퍼지며 자신감으로 자랐었다.

1961년도 새 학기에 신규발령을 받고 미원국민학교 5학년 2반 우리 교실로 들어오시던 신중호 선생님은 갓 스무 살 청년이셨다. 가난한 월급으로 학급문고를 만들어주셨다. 그 책들은 등잔불 아래서 밤을 새워가며 읽는 나를 새로운 세계로 데려다주었다. 나는 밤이 새는지도 몰랐고 이른 새벽에 일어나시는 어머니는 낮은 음성으로 "문장가 되겠네." 하시며 아침밥을 지으러 나가시곤 했다. 당시엔 석유 값이 비싸서 등잔불의 심지를 낮추고 바느질을 할 만큼 기름을 아끼시는 어머니가 밤을 새워 책을 읽는 내게 등잔불을 끄라는 말씀을 한 번도 하지 않으셨다.

어린 나는 무엇을 찾기 위해서 알프스로 달려가곤 했을까? 귀에 울리는 양들의 방울 소리를 따라 어린 내가 갈구하는 것은 나의 아버지는 아름답고 평화로운 알프스에 살고 계신 아버지였다. 책 속의 세계에서 잠을 잊은 아이는 알프스의 할아버지가 그리워 몽유병을 앓던 하이디처럼 나도 아버지를 향한 막연한 그리움으로 또 하나의 나를 그곳에서 돌아오지 못하게 했었다.

1950년대 후반에 초등학교를 다니던 나는 아버지가 어떤 길을 가셨는지 알지 못했다. 집안의 누구도 내게 설명해 주지 못했다. 마을 사람들은 우리 어머니를 존중했다. 긴 겨울밤, 동네 아주머니들은 바느질거리, 뜨개질감을 들고 우리 집에 마실 오고 어머니는 『옥루몽』『춘향전』『심청전』『사씨남정기』 중 한 권을 골라 읽어주시며 함께 울고 함께 웃으셨다. 무엇 한 가지 부족하지 않은 것이 없던 1950~1960, 70년대 그 시절, 저 얘기책들은 벼르고 별러 다녀오시는 5일장에서 어머니가 어렵게 사오셔서 나달나달하도록 읽는 책들이었다. 우리 형제들은 아이들 속에 섞여서 모나지 않게 잘 자랐다. 다만 집을 송두리째 공포 속으로 몰아넣는 군화의 무리에서 아버지가 가신 길과 우리 가족이 서 있는 길이 같지 않다는 것을 어렴풋이 짐작하며 나는 자랐다.

어머니의 엄격한 가정교육은 우리 형제들을 예의 바르게 키우셨다. 그러나 내가 수업시간이면 선생님 질문에 대해 충분히 알고 있으면서도 손을 들지 못할 정도로 소심한 아이였던 것은 결코 어머니의 엄격함 때문이 아니었다. 그것은 아버지의 가치관에 조금씩 눈을 떠가면서 시대가 요구하는 나의 처신을 어떻게 해야 하는지에 대해서 지각이 생기는 움츠림이었다. 그것은 불안감이기도 했지만 나서지 않는 것이 어머니를 위하는 것이라고 생각했다.

나는 친구들과도 다투는 일이 없었다. 아주 어쩌다 오해가 생기면 나는 말을 아끼며 똑바로 눈을 마주 바라보며 상대에게 생각할 시간을 갖게 함을 터득했었다. 그것은 두려움을 포장하는 나만의 한 방법이기도 했다.

내 안의 분열이 어디서 왔든 회한은 없다. 아버지를 향한 진한 그리움은 우리 형제들의 버팀목이었다. 강인하며 올곧았다는 아버지의 정신을 무언으로 이입시키며 어머니는 우리 형제들의 자존감을 키워주셨다. 우리 형제들은 서로에게 말을 아꼈다. 말을 아끼다 보니 사소한 다툼도 없었던 것 같다. 아마도 서로의 상처를 건드리지 않으려는 배려까지도 어머니를 위하는 것이었다. 각자의 몫으로 지워진 굴레만도 버거웠으리라고 짐작해본다.

유년기에서 소년기로, 또 청년기를 살면서 아버지가 가신 길에 대해 말하지 않아도 가족 모두의 마음이 다르지 않았으므로 아버지에 대해서는 무언의 금기였다. 연좌제라는 굴레는 벗어날 수 없는 멍에였고 트라우마였다. 아버지를 한 번도 불러보지 못한 나에게 있어서 '아버지'라는 말은 입에 올릴 수조차 없는 낯설고 벅찬 언어였다.

내가 아홉 살쯤 되었을 어느 날 오후의 햇살이 방으로 가득 들어왔다. 무심히 벽에 걸린 거울 속의 아이를 보았다. 거울 속에는 입을 꾹 다물고 입꼬리가 아래로 쳐진 아이가 있었다. 그 아이는 세상에 태어나서 한 번도 웃어보지 못한 아이 같았다. 그 아이는 표정 없이 나를 바라보았다. 나는 검지를 들어 양쪽 입꼬리를 살짝 올려줬다. 거울 속에서 아이가 조금은 밝아지는 눈으로 나를 바라보았다. 손가락을 떼어 보았다. 표정이 사라진 아이가 나를 바라보았다. 다시 입꼬리를 올려주었다. 아이의 눈이 조금 커지며 웃는 듯했다. 입술이 웃음을 물고 있었다. 그날부터 나는 웃음 띤 아이 안에 우는 아이를 감출 수가 있었다.

하이디를 따라 알프스 오솔길을 배회하던 나를 찾기 위해 나는 언제부터인가 그곳으로 가는 꿈을 키웠다. 그 꿈은 그곳에 두고 온 어린 나를 만나고자 하는 나의 몽유병이었을 것이다. 그래! 동화 속 하이디의 오두막이라면 더 좋겠지만 알프스의 어느 기슭이라도 한 달포쯤 헤매다 보면 그늘이 장막처럼 드리워진 집안에서 두려움을 감추며 세상을 바라보는 눈을 혼자 뜨던 아이를 만날 수 있을까? 아직 자라고 싶지 않아 그곳에 두고 온 나를 찾으러 가는 꿈을 오래 꾸어왔었다.

2006년 8월 남편은 나를 데리고 서유럽 여행에 나섰다. 독일에서 스위스의 관문을 통과할 때였다. 아! 스위스는? 중립국이었지! 어린 나는 어떻게 알프스에서 아버지를 만나는 꿈을 꾸었는가? 어린 나는 어떻게 상상 속에서 미지의 알프스로 아버지를 만나러 달려왔을까? 나이가 들면서 스위스가 중립국이라는 사실을 그처럼 간절했던 어린 나의 꿈과 한 번도 연결해보지 못하다니. 어떻게? 어린 나도 내가 자라는 땅에서는 아버지를 만날 수 없음을 본능으로 알았을까? 나는 가슴이 터질 것만 같은 심호흡으로 스위스의 관문을 통과하였다.

동화책을 읽으며 상상하던 알프스, 오랫동안 동경하던 알프스를 산악열차를 타고 오르며 글썽이는 눈으로 만났다. 저기 저 작은 오두막에서 하이디와 어린 산희가 손을 흔들어줄 것만 같은 흥분과 감격을 누르며 융프라우요흐의 만년설에 이르렀다. 어느 누구의 발자국도 없는 하얀 눈위에 나의 몸을 눕혔다. 마음속으로 상상의 알프스에 두고 왔던 어린 산희를 불렀다. '이제야 널 데리러 내가 왔어'라고. '너무 늦게 와서 너무 미안해'라고. 그토록 오고 싶어 하던 알프스에서 동심으로 돌아간 아내의 장난기려니, 웃으며 나의 행위를 연속으로 카메라에 담은 남편이 두 손을 내밀어 주었다. 나는 남편의 크고 두툼한 손을 잡고 어린 산희와 눈밭에서 함께 일어났다. 흩날리는 눈송이들이 우리의 몸 자국 위로 천천히 흩날리었다.

산악열차를 함께 타고 알프스를 내려오는 어린 산희와 나는 하이디처럼 손을 흔들어주는 알프스와 야생화에게 끊임없이 마주 손을 흔들어주었다. 알프스의 어느 기슭에서 아버지가 바라보고 계실 것만 같았다. 이 벅찬 순간순간을 여행 수첩에 메모하는 나의 펜을 따라 어린 산희가 나와 함께 있다. 알프스 굽이굽이 침엽수들이 햇살에 반짝이며 배웅한다. 거대한 폭포가 쏟아 내리는 유청회색 얼음물이 수로를 따라 거침없이 소리치며 내달린다.

새순처럼 돋는 연민

 나는 1948년 음력 2월 4일에 태어났다. 내 아버지의 1948년은 이 땅에 남한만의 단독정부가 수립된 해이다. 일제의 수탈에서 막 벗어나 해방의 기쁨을 누릴 사이도 없이 남북협상은 캄캄해지고 단독정부의 꿈은 사라진 이 땅! 피아골에서 나의 이름을 지으셨을까. 노고단의 새벽, 솟아오르는 태양에 불끈 주먹을 쥐셨을까. 1948년생 쥐띠 딸 이름에 '山' 자를 넣어, 산희山姬라고 지으신 걸 보면 큰 나무에서 작은 풀까지, 바위도 맹수도 사슴벌레까지 다 닮아라! 하신 아버지의 기도였을까!

 아버지를 향한 나의 그리움은 따듯한 슬픔이다. 어머니는 아버지를 향한 사랑과 존경심으로 기다림의 끈을 놓지 않으셨다. 어머니의 생전에 아버지를 향한 간절한 기다림은 우리 형제들에게 아버지의 부재를 채워주셨다. 그러므로 아버지에 대한 그리움이 따듯할 수 있었다. 나의 부모님은 여덟 남매의 자식을 두셨다. 막내딸인 나를 포함해서 4남 4녀이다. 어머니가 때때로 들려주시던 이야기를 정리해보면 이랬다.

아버지는 열일곱 살 청년인 외아들이었으며 가난한 가장이었다. 어머니는 부모님을 일찍 여의고 큰아버지 슬하에서 반듯하게 성장한 열여덟 살 처녀였다. 아버지는 어릴 적부터 학자이신 넷째 아버지에게서, 그리고 지방의 서원에서 한문 공부를 깊게 하였으며 필체가 특별하게 아름다웠다. 사랑하는 아내에게 글을 가르치며 일본인 측량기사 밑에서 일을 하던 중, 윗사람이 써준 소개장으로 아버지는 지방의 공무원이 되었다. 20대 후반의 젊은 나이로 가덕면장 발령을 받았다. 부면장댁 방 한 칸을 얻어 어머니와 어린자식들과 함께 살며 저녁 식사로는 이웃집과 같이 꼭 죽을 쑤게 하셨다. 일제 말, 일본의 극에 달한 폭거에 시달리는 면민들을 위해 일하던 중 해방이 되었다. 아버지는 해방 후에도 가덕면장으로 2년 가까이 면민을 위해 일하다가 도청에서 근무하게 되었다. 그런 와중에 고향의 할머니께서 돌아가셨다. 그후 서울의 홍익대학교에서 아버지는 한문 교수로, 홍대에서 미술을 공부하는 둘째 오빠와 함께 사셨다.

어머니는 시골에서 할아버지를 모시고 어린 자식들을 돌봐야 했고, 형제 중 세 번째로 태어난 큰언니, 그리고 네 번째로 태어난 셋째 오빠, 그다음 다섯째, 여섯째로 언니 둘, 또 그다음으로 태어난 막내 오빠, 그리고 나는 1948년 음력으로 2월에 태어났다. 1950년 6·25가 일어났고 뜻하지 않은 정세로 어머니는 아버지를 만날 수 없었고, 어린 나는 큰언니의 보살핌으로 있는 듯 없는 듯 순한 아기였다고, '그 난리는 아버지가 가고자 한 길은 아닐진대…….' 어머니는 한숨을 쉬셨다.

엄마처럼 나를 키워주신 큰언니는 뛰어난 감각의 바느질 솜씨로 신문이나 잡지에 있는 도시 아이들이 입는 디자인의 본을 떠서 내 위로 두 언니의 옷과 나의 옷을 만들어 입혀주셨다. 그 시대에는 봄이 되면 거칠고 뻣뻣한 광목천을 통으로 사서 잿물에 삶기를 반복하며 냇가나 뒷동산의 잔디밭에 널어 하얗게 바래는 일이 주부들의 큰 일거리 중에서도 큰일이었다. 그 광목천은 온 가족의 여름 옷감이었다. 큰언니는 새하얗게 바랜 광목천으로 블라우스를 만들어서 허리와 소매의 손목 부분에 고무줄을 넣어 예쁜 잔주름을 만들고 소매 끝과 칼라 끝을 예쁜 색실로 레이스를 짜서 입혀주셨다. 큰언니가 시집을 가자 둘째언니가 그

솜씨를 물려받았다. 둘째 언니는 넷째 할아버지댁에서 쓰던 고장난 박쥐우산의 천을 손질하여 360도로 펼쳐지는 후레아치마를 만들어 셋째 언니에게 입혀주었다. 나는 그 박쥐우산 후레아치마를 물려입고 투스텝으로 뛰어다녔다. 빙그르르 돌면 치마가 둥그런 원을 그리며 활짝 퍼지곤 했었다. 아이들이 부러워했었다.

나는 아버지가 어떤 길을 가셨는지에 대해 어렴풋이 짐작할 만큼 세상이 보이면서, 막연한 그리움과 또 다른 슬픔에 가슴이 저렸다. 하나의 독립된 국가를 위한 절실한 당신의 소망과는 다르게, 격류하는 역사의 흐름 앞에서 아버지는 가족과 헤어질 수도 있다는 절체절명의 선택을 해야만 하셨을 것이다. 당시의 정세로 선택의 여지도 없었을 그 길에서 겪었을 고통, 온 가족 특히 당신 아내의 희생에 대한 아픔을 달랠 수 있을 만큼은 자긍심을 가지고 사시기를 늘 기원했다. 그런데 구둣발로 우리 집을 뒤집어 놓는 군인들은 아버지를 왜 집에 와서 찾을까? 나는 그것이 풀 수 없는 의문이었다.

언젠가 어머니 살아계실 때, 문득 꿈 이야기를 하셨다.
"너의 아버지는 꿈에도 한 번 오지 않네. 그런데 네 둘째 오라비가 꼭 한 번, 어릴 적 모습으로 꿈에 찾아왔어. 어느

풀 섶에서 어머니… 어머니… 부르더니만… 그렇게 꼭 한 번 그러더니만… 그, 만, 여….

 아버지와 같은 길을 갔다는 둘째 오빠는 여름방학에 집에 오면 친구들과 냇가로 몰려가서 버드나무를 태워 숯필을 만들고 어린 동생들을 모델로 그림을 그렸다고 언니들은 회상한다. 다정했다는 둘째 오빠는 형제들의 기억 속에 향기롭게 살아있다. 우리 남매들은 함께 지난날들을 회상하며 아버지는 벌써 어머니 곁으로 돌아오셨을 것이라고 서로를 위로한다.

 오스트리아 티롤 지방을 여행할 때 인스부르크에 있는 합스부르크가의 한 궁전을 들렀었다. 궁전은 외관으로 볼 때 화려하거나 웅장하지는 않았지만 중세의 고풍스러운 건물에 작은 발코니가 있었고 현관을 받치고 있는 작은 황금 지붕을 브로치처럼 달고 있었다. 그때 들었던 한 테마스토리가 있다.
 ― 합스부르크의 왕 막시밀리앙은 십 대에 정략결혼으로 맺어진 첫 번째 아내인 브리텐 공주를 무척 사랑했다. 그런데 어느 날 사랑하는 아내 브리텐 공주는 말을 타다가 이십 대의 아름다운 나이에 낙마 사고로 세상을 떠났다. 오랜 세월이 흐른 후, 왕 막시밀리앙은 자신을 첫 번째 아내 옆에

묻어달라고 한 유언대로 사랑하는 브리텐 공주와 함께 묻혔다.

 유럽의 전설 같은 이야기를 가슴에 오래 간직하고 있는 것은 어머니와 아버지의 사랑을 승화하고자 하는 나의 간절함일 터이다. 두 분의 사랑을 생각할 때마다 연민의 새순이 나의 가슴 속에 자란다. 우리는 몇 대를 대물림하여야 이 아픔을 함께 어루만질 수 있을까.

소통

 어느새 중복이다. 더위를 이겨내자고 큰 들통에 토종백숙을 그득하게 끓여놓았다. 그러나 이제는 성장한 손주들과 함께 식탁에 둘러앉을 기회가 점점 줄어든다. 우리 집은 삼대의 일곱 식구가 함께 산다. 3남매 손주들이 한참 크던 때에는 아침저녁 푸짐한 식사 준비로 차려지는 식탁이 사랑의 대화와 일상의 소통 공간이었다.

 내 아이들 4남매가 홀로 설 수 있을 만큼 성장하고, 비로소 나에게 시간이 주어졌다. 나는 남편에게 말했다. 이제 나는 공부를 시작할 때가 왔다고. 나는 열일곱 살에 취득한 고등학교 입학 자격증인 검정고시 전 과목 합격 통지서를 남편 앞에 내어 놓았다. 오랜 시간 간직한 나의 꿈을 남편은 두 손으로 소중하게 받아들였다. 나는 오십 대 중반을 넘어서 비로소 꿈꾸던 고교시대를 살았다. 청주고등학교 부설 방송통신고등학교에서 공부하며, 체육 시간에는 구두와 양말을 가지런히 벗어놓고 맨발로 100m 달리기를 완주했다.

 예순한 살에 나의 대학 시대가 열리며 우리 집에 첫 손녀가 태어나고, 두 살 터울로 태어나는 손자들 덕분에 3대代가 함께 사는 우리 집에서 나의 일상은 살림, 손주 육아, 학과공부와 시詩 창작 공부로 하루 24시간이 숨찼다. 시간이 모자랐으므로 잠자는 시간을 줄여야 했다. 나에게는 친정의 가족사로 인한 무거운 과제가 있다. 어린나무의 심속으로 그 아픔은 문신으로 새겨지며 자랐다. 나는 그 문신의 실체가 무엇인지 몰랐었다. 그래서 두려웠다. 詩로써 그 과제를 풀어내고자 하였다. 그러므로 내 삶에서 그 어느 한 가지도 적당히 넘어갈 수 없는 절실하며 막중한 과제였다. 밤 열한 시가 되어서야 비로소 책상 앞에 앉을 수 있었지만 새벽 다섯 시부터 다시 시작되는 쉴 틈 없는 일과였다. '하루' '이튿날'이라는 나날의 경계가 없는 25년이라는 시간을 숨차게 달려왔다. 그래서 알찬 삶이었다.

 시를 공부한다는 것은 혼자만의 시간은 물론이고 일상생활 속에서도 내 안에 들어온 하나의 화두를 공글리기 위해 매 순간 골몰하게 된다. 예를 들어 남편과 함께 차를 마시면서도 또는 함께 식사하는 시간에도 그렇다. 종종 남편이 하는 이야기를 듣지 못하는 때가 있어서 대화에 엇박자가 나기도 한다. 나의 공부에 전폭적인 지지로 응원하는 남편은 이럴 때 섭섭함을 내보이기도 한다. 그리고 "우리가 대화할 때는 내 말에 집중해 주면 좋겠소."라고 종종 나를 환기하곤 한다.

'우리말에 아, 다르고 어, 다르다'라는 말에도 정서적 차이가 있다. 자신의 의사를 전달하고자 할 때 표현 방법과 억양에 따라 상대가 받아들이는 정서적 차이는 크다. 남편은 아주 어릴 적부터 자신의 주변 정리와 모든 계획부터 실행까지 혼자 해냈다고 한다. 부모님은 상업으로 바쁘시고 형제간 나이 차가 커서 어릴 적부터 학교에서 돌아오면 숙제부터 해놓고 자신의 책상 정리를 해놓은 후에 나가서 놀았다고 한다. 지금도 집안의 크고 작은 일부터 자신의 계획을 다음으로 미룸이란 그의 사전에는 없는 단어다. 그렇게 다져온 생활 습관으로 평생의 삶은 물론이고 말 한마디에도 빈틈이 없는 사람이다. 계획과 실행에 어긋남이 없는 AI 인간형이다. 그러므로 남편은 언행일치의 표본인 사람이다.

'나'라는 사람은 좋게 말하자면 자유로운 인간형이다. 이렇게 써놓고 보니 남편의 관점에서는 개념 없다 할 수도 있겠다는 생각이 든다. 이 글을 쓰며 내가 들여다보는 나를, 내가 분석하는 일종의 고백서가 될 것 같다. 나의 세계관은 폭이 넓다고 스스로 생각한다. 매사를 아우르며 생각하는 편이다. 사물을 바라보는 관점도 전 우주적(?)이다. 인간관계에 대한 사고도 퍽은 객관적이다. 아, 그러니 어느 면에서는 섬세하지 못한 나 자신임을 느낄 때도 있다. 나는 부족한 자신에게도 관대한 편이다. 이 관대함으로 나는 매사에 빈틈이 없어야 한다고 강조하는 남편을 포용하며 산다.

나는 어렸을 때부터 누구와 다툼이 없는 아이였다. 나와 의견이 다르면 늘 입을 다물고 상대를 이해하며 말을 입 밖에 내지 않았다. 그랬다. 남편에게도 그렇게 예스맨이던 내가 최근 들어 남편의 의견에 내 식의 반박을 표현할 때가 있다. 대가족의 살림, 손주들의 육아, 나의 공부까지 너무나 숨이 벅찰 때 이성이 흐려지는 나의 모습이 남편에게는 낯선가 보다. 아내의 화난 모습이 낯설어서 자신의 이성을 주체하느라 힘들어하는 남편에게서 소심한 나는 살짝 카타르시스라는 것을 느껴보기도 한다. 부부싸움도 일종의 건강한 대화라고 자신 있게 말하는 나는 기실 늘 평안한 일상을 살아내려고 싸움을 피하며 나를 감추며 상황을 편한 쪽으로 덮으며 살아왔다. 그것은 나의 인내심으로 받아들일 수 있는 만큼의 아량이었다.

　이는 어린 내가 가족사로 인해 겪은 트라우마와는 다른 나만의 타고난 천성이다. 매사를 폭넓게 아우르며 나의 세계관은 전 지구적이라고 스스로 과장하기도 하며 객관적 사고로 자신을 풀어놓고 살아온 내가 이제야 보인다. 그러나 그러한 내가 틀렸다고는 생각지 않는다. 나의 어머니는 가끔 회상하셨다. 아기 적 나는 울지 않는 아이였단다.

　아기인 나는 태내에서부터 엄마의 가쁜 숨결로 살았다고 생각한다. 사회주의 사상으로 험난한 길을 가는 아버지로 인해 때때로 엄마의 숨참을 느꼈을 테고, 태어나서 엄마의 젖을 빨며 깊이 흐르는 고뇌와 두려움과 슬픔까지도 함께 마셨으므로 그렇게 나는 엄마와 한몸이었을 것이다.

　결혼하여 성실한 남편과 함께하는 삶으로, 나는 정서적으로 안정된 삶을 살아왔다. 경제적으로는 교사의 박봉으로 우리 아이들 4남매의 양육과 교육까지 숨조차 아껴 쉬어야 했던 궁핍한 삶이었다. 한 번도 부자로 살아본 적 없는 나에게 넉넉지 못한 삶은 익숙한 것이므로 우리는 서로를 아끼고 용기를 북돋아가며 살아 내었다. 남편은 지·덕·체를 갖춘 사람으로, 체육 교사로서 정규수업 시간 엄수는 물론이고 전문으로 육성하는 태권도 선수들의 지도에도 규칙은 철저하게, 교육은 사랑으로, 맡은 업무는 빈틈없이 최선을 다하는 성실한 교사였으므로 나는 인간적으로도 남편을 존경한다. 남편은 잠자는 시간에도 긴장을 풀지 않는 가수면 상태일 정도로 강한 의지와 올곧은 정신력으로 책임감이 투철한 삶을 살아 내었다. 나는 그러한 남편의 그림자이듯 살아냈다. 우리는 우리에게 주어진 삶을 낭비하지 않고 서로 존중하며 살아왔다.

남편은 정년 퇴임 후 많이 편안해졌다. 최선을 다해 할 일을 마친 사람이 스스로 조용히 심적인 여유를 즐기는 모습에 나는 마음이 놓였다. 더불어 스스로 혹독하게 다져온 자신의 철학은 완고하다. 이러한 남편을 존경하는 마음으로 바라보며 나만의 길을 찾을 수 있었다. 그런데 정년 퇴임의 보상으로 한중한閑中閑을 즐기는 남편을 보필하며 손자 삼 남매 육아까지 혼자서 해내는 나로서는 육체적 노동과 심리적 압박을 동시에 감당해야 하는, 때때로 숨이 차오르는 나날들이었다.

이런 와중에 깨달은 것은 그동안 서로에 대해 간과했던

아니 관대했던, 상대방의 어떤 면을 마주하게 된다는 사실이었다. 문득 낯선 서로에게 놀랄 때가 있다. 하기는 나 자신이 낯설어서 내가 나에게 놀라는 때도 있지 않은가. 우리는 결혼 후, 남편이 정년 퇴임을 할 때까지 부부싸움이라는 것을 거의 하지 않았다. 사노라면 어찌 싸울 일이 없었을까만은 우리의 삶은 싸울 여력도 없었다. 남편의 삶은, 학교에서는 학생들의 교육과 우수선수 양성을 위해 자신을 다 바쳤다. 그리고 집으로 퇴근한 그에게는 가족이 전부였다. 사람들이 흔히 말하는 사교적 사회생활이라든가 자신의 취미를 위한 혼자만의 활동에 눈을 돌리는 사람이 아니었다. 나 또한 4남매 굶기지 않고 교육까지, 박봉을 쪼개느라 손톱여물을 썰며 나에게 주어지는 삶을 온전히 끌어안고 살아내었다.

그렇게 살아온 나는 손주 3남매 육아의 정신적 어려움, 그리고 늘어난 육체노동과 대학 공부로 인한 시간적, 심리적 과부하 표현을 남편에게 제대로 설명하지 못하였다. 혼자 힘들어서 혼자 화가 나고 혼자 속을 끓이다가 아기들이 "할머니~"부르며 달려와 안기면 눈 녹듯 풀어지고 체념하고, 혼자 삭이는 일상이 계속되는 것이다. 사랑스럽기 그지없는 손주 육아는 내 아이들을 키울 때와는 여러 면에서 설명하기 어려운 점이 있다. 엄마 아빠를 떠나와 조부모 품에서 자라는 아기들에게 쏟는, 사랑의 척도를 조율한다는 것은 어떠한 육아이론을 들이댈 성질의 것이 아니다. 사랑이 넘침은 쉬우나 그것이 정답은 아님을 알기 때문이다.

한국방송통신대학에서 받은 전국중등교사논리논술연수 성적 100점을 획득하여 교감으로 승진, 청주남중학교장으로 홍조근정훈장을 받고 정년 퇴임을 하기까지 달려온 사람으로, 휴식의 시간을 처음 가져보는 남편이다. 현직에서 전국의 태권도 대회는 물론 올림픽 금메달까지 우수 선수양성에 자신을 모두 바치다 문득 돌아보니 동기들은 승진의 길을 획획 달리더란다. 자신을 위한 준비도 철저한 사람이므로 하고자 하면 해낸다. 그러다 보니 남편을 향해 내가 무엇을 바라는지 무엇을 서운해하는지 나의 정신적 어려움과 육체적 과부하가 보이지 않았을 것이다. 이 모든 것들이 너무 벅찰 때 왜 화가 나는지 설명할 마음의 여유도 갖지 못하는 나는 혼자 삭이는 스트레스가 어느 순간에 소심하게 폭발하는 것이다.

40여 년을 아내에게 섬김을 받아온 남편에게는 돌연한 아내의 모습이 다만 놀랍고 당황스러운 것이다. 아니다. 남편의 삶도 섬김의 삶이었다. 가정에서 가족을 섬기며 교육자로서 제자들을 아끼며 올곧은 자신의 삶을 섬김으로 이루어낸 사람이므로 나는 남편을 존경한다. 나는 내가 무엇을 원하는지에 대해 설명하지 않으므로 남편은 무엇을 함께해야 한다는 것에 생각이 미치지 않는 것이다. 남편은 자신이 해야 할 일과 해야 할 말을 똑 부러지게 할 줄 아는 사람이므로 아내 또한 당연히 자신처럼 그러리라고 이해하는 것이리라.

AI는 어느 날 갑자기 이 시대의 혁신적인 기술로 등장한 존재가 아니다. 나는 종종 생각한다. 나의 남편은 태어날 때부터 AI적 기질을 장착하고 태어난 사람이라고. 그래서 보통사람의 융통성 함량에는 쬐끔 미달이 아닐까? 생각도 해보지만 돌아보면 돌다리도 두드려보고 건너는 남편이 있어 나의 길도 탄탄했다.

한 발 내디뎌야 세상이 길을 연다

-2002년 2월 17일. 일요일.

나는 오늘 방송통신고등학교를 졸업했다.

'시간은 필요로 하는 사람의 것이다.' 나의 남편의 응원이다.

'기회는 스스로 의미를 찾는 사람의 것이다.' 나의 철학이다.

나이가 오십을 훨씬 넘은 고등학생인 아내를 부끄러워하지 않고 3년을 하루같이 일요일마다 등하교를 시켜준 남편의 사랑은 당당했다. 오늘의 상賞 중에 3년 개근상이 가장 자랑스럽다.

나를 사랑하는 온 가족의 축복 속에서 나는 존재의 의미를 생각한다. 어릴 적 가족이 겪어야만 했던 아픔의 굴레에서 벗어날 수 없었던 그늘, 그것은 나의 자아를 어둠 속으로 밀어 넣었었다. 그 무의식 속에서 때때로 나의 뇌리에 떠오르는 '크고 하얀 맨발'의 정체와 알 수 없는 그 발의 이미지는 내 안에 깊이 숨겨둔 나의 자존감이었다. 누구의 발인지도 모르면서 그 크고 하얀 맨발을 떠올리면 나는 두려울 것이 없었다.

내가 한 발 내디뎌야 세상이 길을 연다는 사실을 살다보니 깨닫게 되었다. 이제 내가 가야 할 길을 찾았으니 나아갈 것이다. 모든 사람이 험하다고 말해도 내가 가보지 않은 길이다. 나아가 볼 것이다. 할아버지가 흘러가는 물을 논에 가두어 벼를 키우셨듯이, 나는 나의 여생에 공부를 담아 나를 키우리라. 나의 남편, 나의 아들딸들의 응원을 받으며 나의 길을 찾아 나가리라.

- 2002년 5월 14일

누적된 피로가 나를 무기력하게 한다. 몇 달 사이 나에게 일어난 변화는 컸다. 사랑하는 작은 시누이가 우리 곁을 떠났다. 방송통신대학교에 입학하였고 문단에 시詩로 등단했다. 출석수업을 받으며 대학 생활의 설렘과 곧이어 출석시험, 중간고사 등 정신없이 두어 달을 보내며, 슬픔과 기쁨은 상반된 감정으로 나를 휩쓸며 한 학기가 지나가고 있다.

시간은 흘러가도 슬픔은 무겁게 가슴에 걸려있고 등단

역시 부담으로 나의 감정을 지배하여 무기력해진다. 이런 것이 슬럼프인가? 나는 지금 시 창작의 길에서 얼마나 빗나가고 있는 것일까? 단절감을 느끼기도 한다. 시로써 나를 풀어내고자 소용돌이치던 의욕은 일상에 매몰되어 사그라지는 것일까? 나는 또 하나의 벽을 쌓고 있는 것은 아닌지.

미래로 향한 꿈을 꾸는 나는 그 꿈을 이루기 위해 구체적으로 계획을 세우고 자신의 삶을 운영해 나간다. 열심히 사노라면 이변이 있을 수도 있지만 그 또한 살아내야 할 나의 몫이겠으니 나는 두려워하지도 머뭇거리지도 않을 것이다. 사노라면 앞이 잘 보이지 않는 궂은 날도 있고, 푸른 하늘 아래 멀리까지 시야가 탁 트이는 날도 있다. 준비되지 않은 현실에서 새 식구를 맞아들여야 할 큰일을 앞두고 있지만 그 또한 내 삶의 중요한 과제이다.

그렇구나! 이것이 사는 것이로구나! 죽음, 맺음, 시작의 반복, 슬픔과 기쁨이 공존하는 것이 삶이구나! 그렇다면 정리를 해보자. 무엇이 나를 결박하고 있는가?

· 슬픔, 상처 → 시누이와의 사별, 그리움으로 간직될

애틋함.

·방송통신고등학교 졸업 → 감춰두었던 퍼즐 맞추기 시작, 내 인생 up!

·한국방송통신대학교 입학 → 새로운 시작, 늦은 공부의 희열과 사고력思考力 확장.

·시작詩作에 대한 부담 → 한 매듭의 맺음과 풀기의 반복 → 죽는 날까지.

·택견의 길을 가는 큰딸 → 응원함, 아름다운 택견과 함께, 타고난 숨은 역량 발휘하길.

·둘째 딸의 휴식 → 전진을 위한 힘의 비축. 방송작가로서의 자리굳힘에 응원.

·막내딸 → 미술학 전공 살려 하고자 하는 길 찾기를, 전진, 전진 중

·아들의 당당한 반란 → 제대 후 대학에 복학하여 경영학을 전공하는 중, 장가간다 함.

미혼 누나 둘 뛰어넘는 반칙이나 과감한 인생경영에 박수와 응원. 경사慶事, 축복祝福.

·며느리 맞아들이기→ 초보 시어머니와 초보 며느리, 우리는 이 가문에 옮겨 심은 나무. 먼저 뿌리 내린 동지애로 설렘과 기대 반반.

·이 모든 것을 품어 안고 의연한 당신을 향한 신뢰.

· 가장으로서 긍정적이며 흔들림 없는 당신의 철학으로 썩 잘 되어가고 있음.

나를 결박하는 무기력 따위 패대기쳐 버리다.
우리 가족 함께 손잡고 마음 합쳐 사랑으로 전진!
여기까지 모두 잘 온 것처럼 우리는 내일을 잘 나갈 것이다.
나의 50代는 내 인생의 대로大路이다.

—
2부
—

어부바를 좋아하는 우리 아기

-2003년 3월 10일

2002년 10월 3일생 나의 손녀로 온 아가야!

지금 시간은 네가 하루 중 두 번째 낮잠을 자는 오후 2시 40분이란다. 조금 전 너를 안고 현관문을 내려서니 마당 가득 봄 햇살이 우리를 기다리고 있었지?

아가야, 새봄의 맑은 햇살 아래, 살포시 잠이 든 너의 얼굴에서 광채가 나는구나. 화단의 얼었던 흙을 뚫고 여기저기서 새싹들이 우리 아기를 반기며 쑥쑥 올라오네. 이제 막 6개월로 접어드는 아가야! 너의 아빠와 고모들도 이 마당에서 뛰어놀며 자랐단다. 할아버지와 할머니는 근검절약으로 이 작은 집을 장만하여, 이 집에서 네 아빠의 첫돌 잔치를 했단다. 너의 아빠는 이 좁은 마당을 운동장으로 알고 자전거를 신나게 타며 자랐단다.

저기 베란다와 화단 사이 좁은 공간에 어린 고모들과 아기인 너의 아빠가 마주 앉아 놀던 커다란 무쇠 흔들 그네가 있었단다. 우리 아가들의 재잘거림과 웃음소리와 흔들 그네의 삐거덕거리는 소리는 우리 집의 하모니였단다. 이 마당에 아직도 생생한 웃음소리와 그 음악 소리와 함께, 아가야! 너도 친구 해보렴. 아 참! 저기 대문 옆에는 네 아빠가 좋아하던 예쁜 얼룩 강아지 덕화와 할아버지께서 만들어준 덕화의 집도 있었단다. 10대 소녀의 호기심 넘치던 너의 큰고모와 둘째 고모가 그때 유명했던 홍콩 배우 유덕화의 이름을 가져와서 그 강아지를 '덕화'라 불러주었단다.

아가, 너는 이 가문의 27대손으로 왔단다. 나는 너와 앞으로 태어날 나의 손주들을 받아 착하고 강건하게 키우라는 소명 받은 너희들의 할머니란다. 꿈은 때로 우리가 알지 못하는 미래를 예시해 주곤 하지. 사람들은 자신이 하고 싶은 일, 이루고자 하는 소망을 꿈꾸기도 해. 꿈 중에서도 태몽은 강한 예지력으로 엄마나 아빠에게 또는 가족 친지들의 꿈을 통해서 오기도 하는데 너의 태몽을 내가 꾸었단다.

지금으로부터 1년 전 어느 날 나는 참으로 생생한 꿈을 꾸었어. 나의 고향인 샘골의 우리 집은 마당을 가운데

두고 초가집이 안채로 높다랗게 앉아 있었어. 마당이 깊어서 뜨락을 높여야만 했던 비탈진 집터였나 봐. 바깥채는 기와집이었는데 그 기와집에는 양쪽으로 활짝 열고 닫는 아주 두툼하고 커다랗고 무거운 나무 대문이 있었어. 이 기와집에서 내가 가장 좋아했던 곳은 저 커다란 대문이었어. 학교에서 돌아올 때 활짝 열린 대문을 보면 누군가 반가운 손님이 오셨을 것 같고 내 마음이 환히 열리는 것 같았단다.

그 대문을 들어서면 안채를 중심으로 왼편의 뜰에 오래 묵은 늦밤나무가 있었고 그 우람한 밤나무 뒤로 돼지우리가 하나 있었단다. 어미 돼지가 새끼를 낳아 기를 때가 아니면 우리 집 돼지는 늘 한 마리뿐이었지. 그런데 나의 꿈에 커다랗고 화사한 분홍색 돼지 두 마리가 그 돼지우리 안의 노란 볏짚 위에 나란히 가득 차게 누워있지 않겠니? 그뿐이 아니야. 전에 없던 돼지우리 하나가 또 나란히 잇대어 있었어. 그 우리 안에도 똑같이 화사한 분홍 돼지 한 마리가 가득 차게 누워있는 거야. 놀랍고 감탄하며 나는 꿈에서 깨어났단다.

꿈에서 깨어난 나는, 곰곰이 생각해 보았단다. 두 마리의 돼지는 무엇을 의미하는 것일까? 또 하나의 새로운 돼지우리와 그 안의 돼지는 무엇을 의미하는가? 예부터 돼지 꿈은 길조라 하지 않았던가? 이리저리 궁리 끝에 묵은 우리 안의 두 마리 분홍 돼지는 만학을 꿈꿔온 나의 대학 입학과 시인으로서의 등단에 그 의미를 결부시켜 보았단다. 그런데 새 우리 안의 또 한 마리 분홍 돼지는 무엇을 의미하는 것일까? 온갖 좋은 일을 다 끌어다가 해몽을 해보려 해도 옳거니! 무릎을 칠 만큼 명쾌한 답은 아니었어. 그런데!

 오래지 않아 네 아빠가 그 해답을 가지고 왔단다. 일생을 함께하고 싶은 사람을 찾았다고 했어. 그래, 그 꿈은 바로 우리 가문을 이어갈 소중한 사람, 네 엄마를 맞아들일 꿈이었단다. 그리고 또 귀한 아기가 올 것이라는 예지였단다. 참 신기하기도 했지만 운명적인 인연의 예언이 내게 꿈으로 왔음에 더 놀라웠고 '어머니'라는 무거운 자긍심을 갖게 했단다. 아! 나의 아들이 성큼 성인이 되어있었다는 현실에 대견하고 흥분되었단다. 나는 이제 엄마에서 한 가문의 어머니로서의 막중한 소명과 책임, 또한 화목한 가정을 이끌어나갈 중심에 서게 된다는 나의 소임을 생각하며 가슴이 뿌듯하였지.

 아가야, 나는 또 너의 태몽으로 영특한 호랑이의 꿈을 꾸었단다.

햇볕이 환한 샘골의 고향 집 그 마당에 내가 있었어. 그때 활짝 열린 대문으로 야무진 아이 만큼 자란 호랑이 한 마리가 풀쩍 대문의 문지방을 넘어 뛰어 들어왔어. 그 호랑이가 대뜸 내 앞으로 와서 어흥, 하지 않겠니? 나는 무섭지는 않은데 놀라움에 탄성을 지르며 얼른 부엌으로 뛰어 들어갔지 그런데 호랑이가 부엌까지 달려와서는 또 어흥! 하지 않겠니? 나는 얼결에 몸을 낮춰 앉으며 얼른 등 뒤로 팔을 크게 내밀어 호랑이에게 "업어줄게, 어부~바 해줄게!" 하면서 아주 벅찬 가슴으로 잠이 깨었는데 등에 호랑이를 업고 있는 느낌이 강렬했단다. 그랬단다. 바로 귀한 생명이 우리에게로 온다는 태몽이었어! 바로 네가 오고 있노라고, 네가 할머니인 내게 보내는 텔레파시였던 거야. 인연을 소중하게 여기는 나에게 핏줄을 맞이하라는 조상님의 귀한 예시였단다. 할머니는 때때로 그 꿈속에서의 생생했던 매 순간을 떠올리며 감동한단다.

아가야! 너는 우리에게 오기 위해 얼마나 먼 길을 걸어 왔을까. 너의 엄마는 너의 아빠를 만나기 위해 너처럼 그렇게 또 먼 길을 걸어왔지. 나와 나의 아들딸들은 너의 할아버지를 만나기 위해 또 얼마나 오래전부터 우리는 인간의 영역 밖으로부터 걸어왔을까. 보이지 않는 영적인 존재가 대를 이어 혈연으로 맺어지기 위해 자신이 가까이 오고 있음을 가족 누군가의 꿈을 통해 알리는 이 신비로움을 나는 운명이라고 믿는단다. 아가야! 우리는 이렇게 멀고 먼 길을 걸어왔으며 또 그 머나먼 길을 걸어올 소중한 아기들을 귀하게 맞이하여 품어 키우라는 소명을 부여받은 할머니임이 참 기쁘구나.

태아는 말귀가 밝아

— 2003년 3월 25일

보행기를 타고 원하는 방향으로 조금씩 전진하는 우리 아기!

순하면서도 진중한 아가야!

아침나절 밝은 햇살이 들어오는 거실에서 오늘의 첫 낮잠을 자는 아가,

지금 예쁜 꿈을 꾸는구나. 눈을 반의반쯤은 뜨고 방싯 웃네!

지난 주말에 막내 고모와 함께 외출할 일이 있어서 너를 유모차에 태워서 데리고 나간 일이 너를 힘들게 했구나. 바깥의 미세먼지 때문에 아직은 여린 아기에게 무리였나 보구나. 나의 성급함으로 아기를 세상과 조금씩 가까워지게 하고자 하는 외출이기도 했단다. 이제까지는 너를 포대기로 단단히 업은 후 할아버지의 커다란 오리털 점퍼를 할머니가 입으면 너는 그 점퍼의 커다란 모자 속에서 크고 까만 눈으로

세상 구경을 하다가 할머니 등의 포근함에 새근새근 잠들곤 했지.

햇살도 포근해져서 품속에만 품었던 너를 이제 조금씩 세상과 낯을 익히자고 할머니가 성급했었구나. 생각해 보니 봄 햇살이 따사로워도 아직은 3월인 것을, 유모차에 포근한 이불로 너를 둘둘 감쌌어도 할머니 품만 못했을 것을, 내 생각이 짧았단다. 장을 보다 보니 품속에만 있었던 네가 시끄럽고 복잡한 환경에서 놀라기도 했구나.

그날 한밤중에 열이 오르는 네가 갑자기 너무나 큰 소리로 울어서 엄마 아빠가 달려와 할머니를 깨우는 소동이 일어났단다. 어제는 우유도 잘 먹지 않고 네가 좋아하는 이유식도 먹지 않고 콧물이 줄줄 흐르면서 약 기운 때문에 자꾸 잠만 자는 네가 많이 걱정 되었단다. 많이 미안하고 마음이 아팠어. 오후가 되어서야 생기가 나서 사과즙도 받아먹으니 마음이 좀 놓였단다.

아가! 이 잔병치레를 이겨내면 너는 또 조금 더 큰 아기로 자라겠지. 아랫잇몸을 자꾸 빨아대는 것을 보면 아마 곧 첫 이가 나오려나 보다. 대문 이 자리가 말갛게 자리를 잡아가고 있구나. 뒤집기를 하고 아직은 엎디어서 엉덩이만 들썩이지만 곧 기어서 전진하기도 하겠지? 보행기를 타고 네가 의도하는 방향으로 조금씩 나아가듯이 너는 무럭무럭 잘 자라고 있구나.

네가 태어난 지 오늘이 5개월 22일이 되었구나.
너는 참 순한 아가여서 보채며 울며 우리를 당황하게 하는 경우는 여간해서 없단다. 밤새 잘 자고 아침에 아기 침대에서 잠이 깨면 투덕투덕 인형이며 방울 달린 장난감이며 손에 잡히는 대로 입으로 가져가며 모빌의 움직임을 따라 옹알옹알 놀고 있지. 그러다가 너를 들여다보는 가족 누구와 눈이 마주치면 거실의 둥근 창문으로 아침 햇살이 비춰오듯이 방싯 웃으며 온몸으로 반기는 아기란다.

"울 애기 맛있는 맘마를 가져올게, 조금만 기다려다오"
말해주면 너는 맘마를 준비하는 시간도 보채지 않고 잘 기다려주어서 네 맘마를 만드는 일에 정성을 기울일 수 있게 하지.

아가야, 말귀가 밝은 우리 아가야!
엄마의 뱃속에서 오순도순 우리 가족의 대화를 들으면서

자란 우리 아가야! 세상에 처음 나와서 힘차게 첫울음으로 네 존재를 알린 건강한 아가야! 너를 둘러싸고 기뻐하는 가족들의 음성을 들으며 눈도 제대로 뜨지 못하는 너는 웃는 표정의 아기였단다. 부신 눈으로 세상을 처음 보는 너를 둘러싸고 들여다보는 가족들을 알아본다는 듯이

'아, 눈물이 글썽한 저분은 아빠!
함박웃음으로 감탄하는 저분은 할머니!
아! 목소리가 크신 할아버지는?

목소리만 들어도 다 아는 듯 편안한 너의 표정에 우리 가족은 감동했단다. 건강한 아기가 엄마의 첫 문을 열고 나오느라 얼마나 힘이 들었던지 너는 울퉁불퉁 커다란 머리로 두 주먹을 꼭 움켜쥐고 있었단다. 너의 엄마는 첫 아기인 너를 자연 분만하느라 물에서 건져놓은 인형처럼 흠씬 젖었단다. 아기 장군 같은 너를 안겨주니 엄마는 눈물을 흘렸단다.

우리 가족은 태아도 말을 알아듣는다고 믿고 있단다. 거친 말도 큰소리도 없는 우리 집에서 현명한 너의 엄마 아빠도 너에게 좋은 음악과 다정한 목소리로 이야기를 들려주며 태교에 정성을 기울였단다. 그러므로 너는 가족들이

차근차근 설명하는 말을 잘 알아들으며 진중한 아가로 잘 자라고 있구나. 신통방통한 우리 아기!

태아 적 네가 얼마나 말귀가 밝았는지 그 놀라운 일화가 있단다. 지난해 너의 엄마에게는 아주 중요한 일이 있었단다. 엄마의 일생을 통해서 가장 중요한 몇 가지 일 중에 너의 출산, 그리고 교사 임용고시가 있었지. 그런데 너의 출산 예정일과 임용고시 일자와의 사이가 너무 촉박했어. 엄마가 산후 몸조리를 제대로 하지 못한 상태에서 고시를 치러야만 하는 상황이었지. 아빠와 엄마는 담당 의사와 상담한 후, 출산일을 일주일 앞당겨야 하는 상황을 할아버지께 말씀드리니 행여 아기에게 무리가 되지 않을까 염려하시었어. 엄마 아빠와 할머니도 네게 미안한 마음이 더 커져서 불안했단다.

하지만 다행히도 태아가 건강하므로 염려하지 않아도 된다는 담당 의사의 조언에 힘입어 엄마가 아기에게 차근차근 설명해 주어, 아기도 세상에 조금 일찍 나올 마음의 준비를 할 수 있도록 우리는 조심스럽게 준비를 했단다.

10월 3일을 너의 조기 출산일로 병원과 예약을 하고

10월 2일 밤에 할아버지께 "내일 아기를 낳으러 병원에 갑니다."라고 말씀드렸더니 할아버지께서는 얼른 말씀이 없으셨단다. 워낙 매사에 빈틈이 없고 담대하신 분이니 이미 마음의 준비를 하고 계심을 나는 짐작했단다.

엄마와 나는 내일 아침에 다시 한번 말씀드리기로 하고 허락을 안 하시면 할아버지의 뜻에 따라 분만 예정일까지 기다리기로 하고 잠자리에 들었단다. 몇 시나 되었을까. 너의 아빠가 조심스럽게 나를 부르는 소리에 깨어 시계를 보니 새벽 여섯 시, 네 엄마의 진통이 시작되었다는구나.

세상에! 신기하고 또 신통하여라! 왜 네가 일찍 나와야 하는지를, 태아인 네가 엄마의 설명을 알아들은 것이지!
할아버지께서는 "똑똑한 우리 애기다!"를 연발하시며
"우리나라가 열린 날에 우리 아기가 탄생하는구나." 하시며 병원으로 가는 우리를 침착하게 배웅하셨단다.

너의 엄마는 장장 열세 시간 동안의 목숨을 건 진통으로 너를 태어나게 하였으니 네 아빠와 할머니가 지켜보는 가운데 너는 힘찬 울음을 터트리며 아빠의 품에 안겼단다. 단군 할아버지께서 이 나라를 여신 개천의 날에, 말띠 아기 네가

늠름한 백마처럼 우리에게 달려왔단다.

여리면서도 강한 아기

−2003년 3월 26일

♡ 아래 대문니 한 개 잇몸을 뚫고 올라옴.

♡ 곧은 허리로 제법 혼자 앉아 있음.

♡ 몸무게 6.7kg 키 71.9cm.

♡ 할머니 방통대 출석수업과 스터디 모임, 엄마 아빠, 할아버지도 조금 늦은 귀가.

♡ 막내 고모와 잘 놀다가 창밖이 어둑해지려 하자 울었다는 우리 아기.

♡ 밤에 아기와 엄마와 할머니 3대가 함께 울어버림.

품에 안으면 제 얼굴을 나의 얼굴에 살며시 포개며 부비부비, 할머니 어깨에도 목 사이에도 얼굴을 깊이 묻어 보는 것을 좋아하는 아가야, 오늘 새벽같이 깨어 코막힘으로 숨쉬기가 힘들었지? 너의 엄마가 가재 손수건을 뜨거운 물에 적시어 너에게 수증기를 흡입시키며 편히 숨 쉴 수 있도록 해주느라 출근 준비에 더욱 바빴던 아침이었지.

 약 먹는 것도 콧물을 기구로 흡입해 내는 것도 싫어하지만 미리 부드럽게 설명해 주면 너는 찡그리면서도 신통하게 참을성 있게 응하곤 하지. 참으로 똑똑한 아기인지라 너를 돌봄은 행복하여 우리 가족은 너를 밝고 건강하게 키우고자 늘 뿌듯하단다.

 어제 오후에는 미열이 있었지. 숨소리도 새액, 새액, 힘겨워해서 동네 병원 성심소아과에 갔더니 아기 목이 약간 부었지만 기관지는 깨끗하다며 의사 선생님은 걱정 안 해도 된다고 말했어. 그런데 너는 여전히 활기가 없고 웃지도 않는구나. 아가야, 어제에 이어 오늘 또 할머니가 공부하러 갈 것임을 너는 알고 있구나. 그래서 불안해하는 너를 안고 할머니도 마음이 아프단다.

 아가야 막내 고모가 너를 잘 돌봐줄 거야. 또 할아버지 퇴근하시면 너를 어르며
 "태인아! 태인아! 우리 예쁜 태인아!
 대한민국 짜자짠짠짠! 이뻐, 이뻐! 착해, 착해"
 하며 너를 까르르 웃게 하실거야. 그러노라면 엄마도

아빠도 곧 돌아온단다. 어제처럼 할머니가 대문을 나설 때, 엄마가 "아가야!" 하며 뛰어 들어올 거야.

 태인아, 태인아! 우리 예쁜 태인아! 할머니는 기도처럼 너에게 속삭이지. 앞으로 3년 후, 학사모를 쓴 할머니의 품에 안겨 졸업을 축하해다오. 아직은 새싹처럼 여리나 쑥쑥 자라는 너의 기운으로 할머니를 응원해다오.

또 하나의 아랫니 나오다

-2003년 4월 1일.

♡ 제 주먹만 한 딸기 세 개를 먹다.

♡ 빨래를 너는 할머니 등에 업혀 힘들다고 끙끙.

♡ 밤에 할머니와 엄마가 보이지 않으면 할아버지 품에서도 아빠 품에서도 운다는 우리아기.

아기가 낮잠을 자는 시간이다. 마당에 넘치는 봄 햇살이 나를 불러낸다. 화단이 새싹들을 와글와글 밀어 올리고 있다. 살림과 육아와 학과공부로 정신이 없다 보니 봄 들어 화단을 들여다볼 겨를이 없었다. 어느새 상사화 푸른 새싹은 좁은 화단을 덮을 기세다. 작약 붉은 새싹, 옥잠화, 백합 순들이 키재기를 하고 있다. 담쟁이가 덩굴손으로 담을 기어오르고 아이비가 쭉쭉 뻗어 담을 오르며 너울거린다.

동백나무가 중부지방의 매서운 겨울을 이겨내고 어느새

붉은 꽃잎을 터뜨리고 있다. 옥상을 너울너울 넘겨다보고 있다. 햇빛에 잎사귀들이 사파이어처럼 빛난다. 좁은 마당, 현관 옆 화단에서 가지가 균형을 잡고 무성해지기보다는 위로, 위로 자랐다. 골목 안 집이라도 햇볕이 잘 드는 터인지라 여름내 소복소복 꽃봉오리를 맺은 아담한 마당의 터줏대감이다.

옥상을 올라가 본 지가 언제였던가? 좁은 계단을 따라 올라가 보니 작은 텃밭처럼 채소를 키우던 크고 작은 화분들이 작년 가으내 우거진 넝쿨과 잡초들로 얼크러져 마른 채로 묵밭같이 황폐하다. 못쓰게 된 크고 작은 다라도 대야에도 흙을 담고 씨앗을 묻고 모종을 심어 가꾸면 옥상은 채소밭도 되고 호박밭도 된다. 아직 내 집을 장만하지 못하고 셋방을 살던 때 아이들을 씻기기 위해 목욕통으로 썼던 깊고 커다란 고무 다라도 겨우내 묻은 야채, 과일 등의 껍데기들을 흙으로 끌어안고 황사를 뒤집어쓰며 발효되고 있다. 호박 모종을 심으면 애호박 몇 개 윤기 자르르하게 열릴만하겠다.

장독대 항아리들도 황사 먼지를 보얗게 뒤집어쓰고 있다. 이제 막 기어 다니는 것에 재미를 들인 아기와 대학 2년 차의 공부가 벅차다는 이유로, 또 지난해 담은 장이 넉넉하기도

하여 올해는 장을 담지 않았다. 장독 뚜껑을 열어보기가 망설여진다. 아직은 초봄이니 자주 들여다보지 못했어도 된장 고추장에 탈은 없겠지만 지금 손을 대면 항아리마다 갈무리하고 호스로 물을 끌어다가 물청소까지 하고 싶을 것이다. 시간이 꽤 걸릴 것이다. 그 사이에 아기가 잠에서 깨어나면 아기 침대에서 혼자 울어도 소리를 듣지 못할 것이다.

바쁘다는 핑계로 미루어 둔 내 삶의 한 자락이다. 묵밭은 메마르고 윤기가 자르르 흐르도록 자주 닦아줘야 할 장독대들이 나를 바라본다. 잠깐 사이 아기가 깼을라 부리나케 계단을 내려오는데 4월 햇살에 붉은 동백 꽃송이들 몽글몽글 피어나고 있다. 가만히 현관문을 열며 귀를 기울이니 아기는 아직도 꿈 속인가 보다. 살그머니 방문을 열고 아기 침대를 들여다보려니 내가 묻혀온 찬 기운에 아기가 눈을 반짝 뜬다. 할머니와 눈이 마주치자 맑은 눈동자로 방싯 웃는다. 사월 햇살처럼 투명한 우리 아기의 미소에 할머니는 또 백치가 되어버린다.

아가야, 할머니의 가슴에 안겨 붉은 동백꽃이 만개한 마당에서 햇볕을 쬐는 아가야. 딸기즙을 받아먹으며 오실오실 졸면서도 딸기즙의 신맛에 눈을 찡긋거리네. 새끼 새처럼 입을 벌리며 맛나게 먹는 네 모습이 얼마나 이쁜지. 이제 감기도 어지간히 나은 것 같지만 아직은 더러 잔기침에 콧물도 흐르니 마음이 놓이지 않는단다.

생각해 보면 우리는 누구나 나름의 성장통을 앓고 있단다. 대지는 늘 변함이 없는 듯하지만 긴 겨울 동안 단단히 얼어있는 흙 속에는 수많은 생명이 겨울잠을 자고 있단다. 봄이 오고 대기의 따듯한 기운이 언 땅을 녹이면 바로 어둠 속에 잠들어있던 생명이 움틀 때란다. 새싹들은 제 몸을 송곳처럼 뾰족하게 세우고 흙의 살을 뚫고 나오느라 몸살을 앓는단다. 그때 대지도 보이지 않는 몸살을 앓는 것이란다.

지난 3월 1일 자로 교육자의 길을 향하여 첫발을 내디딘 너의 엄마도 사회 초년생의 몸살을 앓고 있단다. 세상에 태어나 날마다 새로운 세상을 인지하는 아가야! 배냇저고리를 벗고, 옹아리를 하고, 기어 다니고, 엎치기와 젖히기를 거듭하느라 뒤통수가 반질반질하게 머리카락이 빠지며 또 새 머리카락이 나는 아가야! 혼자 흔들흔들 앉는 연습을 하다가 뒤로 넘어지며 제풀에 놀라 울음을 터트리고 잇몸을 뚫고 물방울 같은 이가 나오고 낯가림하는 아가야!

네가 성장통을 이겨내느라 앓는 것은 네가 너를 키워내는 장한 몸살이란다.

묵묵한 대지가 생명을 키워내느라 소리 없이 몸살을 앓듯 누구나 새롭게 도착한 오늘을 이겨내며 사는 것이 곧 몸살이 아닌가 한다. 큰 사람 어진 사람이 될 우리 아가! 사랑 가득한 가족의 품에서 단단하고 슬기롭게 자라거라!

걸음마를 시작한 아가야

 할머니는 지금 집에서 멀리 떠나와 동해의 한 바닷가 민박집의 뜰에서 이 글을 쓰고 있단다. 아가야! 아침에 잠에서 깨어보니 오늘도 할머니가 보이지 않았지? 할머니는 어제 아침 일찍 곤히 잠든 너를 가만히 들여다본 후 집을 나섰단다. 청주에서 버스를 타고 서울에서 기다리는 너의 둘째 고모와 함께 이곳 강원도 양양으로 여행을 왔어. 이곳은 양양의 한 바닷가야. 휴휴암이라는 절이 가까이 있고 해안의 절벽 위에 자리한 아담한 민가란다. 우리가 묵는 방은 바다 쪽으로 난 두 면의 벽이 통유리로 되어있단다. 방안에 앉아 있어도 누워있어도 멀리 넘실대는 파도가 보이고, 동해의 수평선이 한눈에 들어올 정도로 시야가 탁 트인 환한 방이란다.

 이 작은 방은 바다를 마주한 안쪽 벽면에 그리 크지 않은 거울을 나지막하게 붙여놓았어. 그 거울은 마치 요술 거울 같아서 내가 바다 위에 앉아 있는 듯도 보이고, 누우면 바다 위에 누워있는 것 같단다. 아주 절묘한 연출로 여행을 왔다는 실감이 나게 하는 방이란다. 이곳의 고즈넉한 숲에서 들려오는 소리라고는 멀지 않은 곳에서 밀려갔다 달려오는 파도 소리와 숲속의 새소리뿐이란다. 아, 그리고 저 휴휴암에서 들려오는 독경 소리가 있구나.

서울에서 방송 작가 활동을 하는 너의 둘째 고모는 지친 몸과 마음을 쉬고 싶다며 이 여행에 할머니를 불러주었어. 우리는 설레며 손을 잡고 낯선 동해의 먼 곳으로 종일 버스에 흔들리며 왔단다. 이 민박집 이름은 '너래바우'라고 해. 너래바우는 '넓은 바위'의 강원도 사투리란다. '너럭바위'와 같은 뜻을 가진 강원도 지방의 재미있는 말에, 여행을 온 실감으로 할머니는 설레이는구나.

어제 오후쯤 이곳에 도착했을 때는 여름 해가 긴 덕분에 짐을 풀고도 산책을 할 시간이 있었단다. 살펴보니 우리는 휴휴암이라는 절 마당을 통과하여 숙소까지 왔더구나. 너래바우집 마당에서 가파른 오솔길을 따라 조금 내려가니 작은 웅덩이가 나왔어. 얕은 바닷물에 발을 적시며 바라보니 절벽 아래로 펼쳐지는 동해의 수평선이 보였어. 우리가 바닷가로 여행을 왔다는 실감에 탄성을 올렸단다. 우리는 바위 절벽 위에 고인 얕은 바닷물에 발을 적시며 비로소 우리가 동해에 왔음을 몸으로 실감하며 가슴이 온전히 트이더구나. 작은 모래밭에 약 3~4m 정도쯤의 웅덩이의 물인데 큰 바다로 내려가는 초입이었어. 바닷물이 들어오며 높은 파도로 인해 물이 차면서 자연스럽게 만들어진 작은 웅덩이가 오후의 햇살에 빛나고 있었단다. 그곳에서도 미역과 수초 사이로 작은 물고기들이 몰려다니고 있었단다.

 더 넓은 바다는 돌계단을 따라 아래로 아래로 내려간단다. 그곳은 절벽을 받치고 있는 거대바위들이 끝없이 펼쳐져 있었어. 파도가 그 거대바위들을 때리며 물보라를 일으켰어. 밀려왔다 밀려가는 파도가 동해의 위용을 실감하게 하더구나. 그중에도 거대 너럭바위가 물 위로 널따랗게 펼쳐있단다. 할머니가 묵는 너래바우집의 이름이 바로 이 바위였구나! 하고 금방 알아보았어. 이곳 바다는 기암절벽으로 동해 특유의 거칠고 위압적이면서도 참 조화로운 풍경이란다. 그런데 영화 〈해안선〉에서 보았던 철책이 절벽을 길게 감싸 돌고 있더구나. 총을 멘 군인들이 드문드문 숲 사이를 서성이는 것이 보였어. 동해의 해안선을 지키는 우리나라 군인들이었단다.

아가! 우리나라는 남과 북으로 갈라진 분단국가란다. 이 해안을 둘러싼 철책이 가슴을 찌르는 것처럼 아픔을 피부로 느끼게 하는구나. 우리가 묵고 있는 민박집 비스듬히 뒤쪽 언덕으로, 군인들의 초소가 우거진 나무들 사이로 보인단다. 철책을 따라 경계를 섰던 한 무리의 군인들이 지나가는 것을 보면서 가슴이 뭉클했어. 나는 그들을 바라보며 눈에 보이지 않는 경계선은 얼마나 공고한가 하는 생각이 들자 마음이 참 무거웠단다. '아, 이곳에서 가까운 위도 38도선에 휴전선이 있었구나.' 저 휴전선 넘어 북쪽에는 우리의 이산가족이 살고 있다는 사실을 아프게 실감하였단다.

나에게도 아버지가 계셨단다. 그분은 일찍이 일본의 식민지가 된 우리나라의 암흑시대에 일본의 체제하에서 일하며 가족을 부양하셨단다. 그런 중에도 깨어있는 의식으로, 이 땅의 사람으로 행하여야 할 지극히 당연한 자주독립의 길을 가고자 하셨단다. 그러나 그 길은 저 철책으로 막히고 이 땅의 우리들은 이산가족으로 살고 있단다. 절벽의 땡볕 아래서 경계를 서는 우리 군인들은 또 깊은 밤, 모기와 졸음과 이슬에 젖으며 눈을 부릅뜨고 저 철책을 지키고 있구나. 아들을 군대에 보내었던 엄마의 무거운 마음으로 바라보게 되는구나.

아가야, 할머니는 이 여행을 오기 위해 고속도로를 달리는 버스에서 가만히 눈을 감고 있으려니 소리도 없이 눈물이 흘러내렸어. 이 여행의 의미는 무엇이며, 왜 혼자 있는 나를 마주하는 시간이면 서러워지는가? 마음속으로 자문해 보았지만 나 자신에게도 한마디로 설명을 할 수가 없었단다. 할아버지께서는 터미널까지 배웅하며 일상에서 잠시 벗어나 보라며 격려하셨는데 이렇게 가까이에서 저 철책선을 마주하게 될 줄은 상상도 하지 못했단다. 이 나라, 이 땅 어디에서인들, 저 가시 철책선 앞에서 그리움이 없이 마주할 수 있는 사람 얼마나 될까?

이 여행을 함께 가자고 제안한 너의 고모도 막연히 탁 트인 동해를 바라보며 몸과 마음을 쉬고자 했을 터이다. 나도 보고 싶었던 딸과 함께 떠나는 여행이라서 설레었고 여행지에 대해서는 어느 곳이라도 좋다고만 생각했단다. 이곳 양양의 절벽 위 외딴집에 짐을 풀며 소박한 환경에 마냥 마음이 편해졌었어. 또 '너래바위집'이라는 이름이 나의 정서에 편하게 스며들었단다. 더욱이 나를 그냥 내려놓을 수 있게 하는 것은 끊임없이 들려오는 저 파도 소리와 태양 아래 빛나는 동해의 수평선이란다. 저 수평선을 바라보는 나의 시선이 아프게 철조망에 걸림은 어찌할 수가 없단다.

우리는 휴휴암이라는 절 마당을 가로질러서 이곳 숙소로 들어올 때는 조금 의아스러웠단다. 절에는 관광객으로 보이는 사람들이 많이 보였어. 바다로 내려가는 듯한 비탈을 따라 사람들의 행렬이 이어지고 있었어. 비로소 이곳이 사람들이 많이 찾는 명소라는 것을 짐작하게 되었지. 우리도 돌계단을 내려가서 징검바위들을 건너뛰며 너래바위까지 건너가 보니 그 어마어마하게 넓은 너럭바위 위에 커다란 불전함이 놓여있었단다. 언덕의 나무에 설치한 확성기의 독경소리와 파도 소리, 그리고 불전함 앞에서 손을 모으는 사람들로 너래바위는 붐볐단다.

그러나 저 광활한 바다는 기원하는 사람들과는 무관하게 일정한 리듬으로 파도가 함성처럼 절벽을 때리고, 절벽에서는 해안선의 철책과 경비를 서는 우리의 군인들이 시계추처럼 오고 가는 이곳의 풍경에 할머니는 참 많은 생각을 하게 되는구나.

어느 사이 너럭바위 주위는 조용해지고 절벽 아래 말없이 누워있는 저 거대 바위들, 그리고 우리 모녀처럼 생각에 잠긴 사람 서넛이 석양 아래 서성이고 있었단다. 파도가 일정하게 때리는 절벽의 저 위 철조망을 따라 철책선을 점검하며 보초병이 긴장하는 해안선의 하루가 석양에 물들며 저물어가고 있더구나.

2002년생 아가에게 들려주는 금강산 이야기

 이곳 양양의 바닷가에서 저 거친 바다의 포효를 듣고 있으려니 할머니는 멀고 먼 공해상을 돌아서 금강산을 다녀왔던 때가 생각나는구나. 그러고 보니 네가 아직 태어나기도 전의 이야기란다. 가슴이 찌르르 저려오는 나만의 특별한 사연으로 가슴앓이를 하며 다녀온 금강산 이야기는 누구에게 내색하기도 더욱이 들려주기는 더 어려웠던 시대적 분위기였단다. 가슴에 묻어두었던 나의 금강산 여행. 그 이야기를 오늘 우리 아기에게 들려줄게.

 어느 날, 너의 할아버지가 금강산 관광을 신청하셨단다. 나는 꿈도 꿀 수 없었던 일이었지. 우리나라는 38선으로 남과 북의 길이 막혀있는 시대적 상황에서 북쪽에 있는 금강산을 관광할 수 있는 길이 잠시 열린 적이 있었어. 그것은 정치와 경제와 이산가족의 열망이 이루어 낸 남북 간의 소통으로 기적 같은 선물이었어. 통일을 염원하는 온 국민이 환호하는 놀라운 사건이었단다.

 나를 위한 할아버지의 속 깊은 배려이기도 한 이 여행계획에 표현할 수 없는 흥분으로 긴장을 했었단다. 나의 아버지가 청년 시절에 다녀오셨다는 금강산! 아버지의 발길이 머물렀을 금강산! 내가 어렸을 적에 우리 집 부엌에는 투박한 나무쟁반이 하나 있었단다. 아버지가 금강산 여행 선물로 사왔다면서 어머니가 아끼시던 정사각형의 두툼한 쟁반에는 '금강산 기념'이라는 멋진 휘호가 있었어. 아이였던 나는 그 쟁반에서 나의 아버지를 느껴보며 혼자 상상도 해보며 자랐단다.

 이 관광사업으로 남북 간의 길이 트였다고는 하지만 막혀있는 38선을 열어놓고 육로로 금강산을 가는 것은 아니었단다. 우리나라의 '현대상선'이 금강산 관광을 목적으로 운행하는 유람선을 타고 바닷길로, 그것도 먼 공해상으로 돌아서 가는 길을 열게 되었단다. 남과 북으로 갈라진 분단 50년 만이었지. 북한에 있는 금강산을 가기 위해 지척의 길을 두고 멀리 돌아서 공해상으로 밤을 새워가야 했지. 우리 아기는 잘 이해가 되지 않겠지만 이것이 우리나라가 처해있는 슬픈 현실이란다. 너희 시대에는 물려주지 않기를 바라는 마음으로 이 이야기를 들려주려 한다.

 2000년 1월 15일의 여행을 앞두고 얼마나 긴장을 했던지 나는 여행 준비를 하면서 그만 감기몸살을 앓았어. 하지만 여행의 걸림돌이 될 수는 없었지. 때는 깊은 겨울이었는데 밤새 소리치며 내리는 소낙비가 출발하는 새벽에도 장마철 소나기처럼 줄기차게 내리고 있었어. 그렇지만 그것까지도 문제가 될 리 없었단다.

 유람선이 강원도 동해항에서 출항하므로 청주 시외버스 터미널에서 새벽에 출발하는 강릉행 버스를 타고 대관령을 넘게 되었어. 그 새벽에 청주에 쏟아지던 소낙비는 고지대인 대관령에 폭설로 내리고 있었어. 놀라웠단다. 눈에 덮인 대관령은 꿈길인 듯 아름다운 설국이었단다. 눈의 나라가 된 대관령을 천천히 아주 천천히 굽이굽이 침착하게 운전하는 기사님은 썰매를 몰아가는 산타할아버지와 같았어. 그 위험한 상황에서 버스에 탄 승객들은 숨을 죽이면서도 감탄사를 연발하였단다. 마치 끝없는 눈의 나라를 여행하는 착각이 들 정도였단다. 산타 할아버지와 같은 버스 기사님 덕분에 우리는 무사히 강릉에 도착하여 버스를 갈아타고 동해항으로 갈 수 있었단다.

 생후 처음 타보는 유람선이었어. 그것도 그리운 금강산으로 나를 데려다줄 마법의 유람선이었지. 외국에서 도입했다는 어마어마하게 큰 유람선에 승선하는 절차부터 왜 그리 긴장이 되던지. 그렇단다. 금강산 관광이 허용되던 초창기의 사람들은 관광만이 목적이라 할 수가 없었지. 동족 간의 전쟁으로 인해 이산가족이 되어 그리운 고향으로 다시는 돌아갈 수 없었던 사람들과 뜻하지 않은 가족의 월북으로 이산의 고통을 안고 살아온 50여 년이란다. 그리움을 견디며 살아온 이산의 피맺힌 갈망으로 한 발짝 다가가서 북쪽의 땅을 밟아본다는 사실만으로도 가슴이 터질 것만 같은 감동과 기쁨과 서러움이 얽힌 설렘이었단다.

 6·25 전쟁으로 인해 가족과 헤어진 젊은이는 고령의 늙은이가 되었고 어렸던 아이는 중늙은이가 된, 한 맺힌 사람들이 앞다투어 찾아가는 금강산이었단다. 너무나 오래 굳은 체제의 선을 통과하는 얼굴마다 긴장으로 굳어있었어. '대한민국 아무개', 주소, 생년월일까지 투명한 신상명세서를 줄에 매어 목에 걸고 남에서 한 번, 북에 도착해서 또 한 번, 짐이며 몸이며 속속들이 투과되는 검색대를 통과하는 절차는

긴장되면서도 두근거리는 기대감으로 벅찼단다.

체제가 다르므로 문화도 다른 그 땅에서의 일거수일투족을 조심하라는 교육을 받은 후에야 나의 아버지가 계신 그 땅으로 조금 다가갈 수 있었지. 다시 이야기를 뒤로 조금 돌아가서 유람선 풍악호에 승선했던 때의 감회를 이야기하고 싶구나.

우리에게 배정된 2인용 선실에서 짐을 풀은 시간이 오후 4시쯤이었어. 1인용 침대가 2개, 샤워시설이 있는 화장실이 있고 선실 한쪽으로 탁자와 의자 2개, 맞은 편 벽면으로 거울이 달린 작은 화장대, 전기 기구를 쓸 수 있도록 콘센트 몇, 그리고 옷장이 있었어. 비교적 불편함이 없도록 잘 갖춰진, 할아버지의 표현으로는 제법 고급스러운(?) 방이라고 하자.

어떠한 시설 어떠한 조건과는 무관하게 흥분을 누르는 나의 마음은 벌써 보이지도 않는 멀고도 머언, 끝이 안 보이는 너울로 일렁이는 공해상에 빼앗겼을 정도였으니까. 풍악호는 저녁 식사를 마친 후에 출항할 것이므로 할아버지와 선실 밖 난간에 기대서 끝없이 펼쳐진 바다를 바라보며 나의 언니들과 통화를 했단다. 나의 형제들과 함께 가지 못하는 것이 안타깝고 미안해서 금강산에 간다는 말도 못 했었단다.

나의 두 언니는 놀라움과 기쁨으로 아버지께서 젊은 날에 다녀오셨다는 금강산을 막내딸이 그 땅을 밟아볼 수 있게 된 현실이 고맙다고 축복해 주셨단다. 우리는 서로 목이 메어서 말을 잇지 못하고, '잘 다녀오라', '잘 다녀올게요'라는 말만 되풀이했던 것 같아. '아, 어머니가 살아계셨더라면……' 우리는 누구도 이 말을 끝내 하지 못했어.

당시 우리나라 기업인 현대해상이 운행하는 세 척의 유람선 중 풍악호는 넓은 식당칸이 있었고 다양한 음식들이 있었고 식사시간 내내 외국인 가수들이 식탁마다 돌아다니며 흥겨운 노래와 기타연주로 여행객들의 긴장감을 달래주었어. 우리와 체제가 다른 북한을 간다는 생각만으로도 승객들은 누구라 할 것 없이 어떤 기대감에서 오는 설렘과 함께 얼마간의 두려움까지도 감추기 어려웠던 것 같아. 수를 헤아릴 수 없을 만큼 여러 종류의 한식과 다양한 양식의 뷔페를 양껏 먹고 마시며 즐거울 것도 같았지만 관광객들은 나처럼 긴장감을 내려놓지 못하는 듯 또는 흥분으로 들떠있는 분위기였어.

식사시간 후 별도의 넓은 선실에서 여흥시간이 있었단다. 여행객들의 긴장 해소를 위한 프로그램이었어. 더러는 흥겹게 어울리기도 하고 더러는 나처럼 긴장하여 배멀미를 하는 사람도 있었겠지만 아무튼 여행객들의 혼을 다 빼앗아버릴 듯한 음악 소리 사이사이, 사회자는 금강산 여행 중 체제가 다른 북한에서 주의해야 할 점을 주입하고 있었어. 관광객으로 체제가 다른 땅으로 들어간다는 중압감과 이 기막힌 분위기 속에서 나는 심해지는 멀미를 참지 못하고 선실로 돌아왔단다.

선실로 돌아왔지만 감기몸살은 심해져 열에 들뜨고 긴장감에 들뜨고 거대한 배의 느릿한 일렁거림은 마치 어릴 적 나를 두렵게 하던 정체 모를 압력으로 우리 집을 흔들던 그것과 흡사했단다. 때로는 두렵고 때로는 역겨웠던······.

얼마나 시간이 흘렀을까? 깊은 잠에 들지 못하고 멀고 먼 공해상을 떠돌 듯 흔들리다가 어느 순간 둔중한 일렁거림에 선실의 커튼 틈으로 거리를 두고 가만히 밖을 내다보았어. 주의사항으로 '장전항에 도착하면 커튼을 절대 열지 말 것.' '창을 통해 장전항을 촬영하지 말 것.' 등이 있었기 때문이야.

그리 멀지 않은 곳에 푸른 불빛 몇 개만 어둠 속에서 보였어. 드디어 장전항에 배가 정박한 것을 짐작으로 알 수 있었어. 그 불빛은 나의 설렘과 막연한 기대감을 아랑곳하지 않는, 커튼 뒤의 나를 차가운 눈빛으로 응시하는 것만 같았어.

겨울 장전항

드디어 우리는 장전항에 도착했단다. 안내 방송에 따라 아침 식사를 마친 후, 다소 긴장감으로 꼿꼿해지는 몸과 마음을 다잡아야 했어. 추위 때문일 거야, 흩날리는 눈발 때문일 거야, 으스스 떨려오는 나를 달래며 첫발을 내렸단다. 그 순간 숨이 막혔던 것은 몸살로 인한 열 때문만은 아니었어. 장전항의 풍경은 너무나 을씨년스러웠단다. 임시로 남한의 관광객을 들이기 위한 외진 곳임을 알 수 있는, 삭막한 곳이었어.

멀기만 하던 땅! 엎드려 땅바닥에 입이라도 맞추고 싶은 심정을 감추며 장전항을 둘러보니 살을 에는 듯 낯설고 썰렁한 풍경 속에서 무언가가 가슴을 찌르는 것처럼 아려왔단다. 배에서 일렬로 내리는 남쪽의 동포들을 맞아주는 사람들은 소탈한 검은 제복 차림의 젊은 청년들이 한 줄로 늘어서서 절제된 표정과 몸가짐으로 일정한 거리를 유지하며 조용한 미소로 맞아주고 있었단다. 너무나 반갑고 낯익은 우리의 대학생들 같이 친근한, 그리웠던 동포들이었지만 우리도 미소로만 답하며 벅차오는 마음을 드러내지는 못했단다.

삭막한 장전항의 검문소를 통과하는 절차를 기다리는 시간이었어. 검문소 앞에 길게 줄을 서서 기다리는 우리 관광객들은 한 사람 한 사람의 검문 절차를 견디느라 잡담과 흡연으로 긴장감을 감추며 긴 줄로 늘어서 있었어. 나는 찬찬히 주변을 둘러보는데 큰 나무 한 그루 없는 낮은 등성이 위에도, 등성이 아래도 일정한 간격으로 외투 한 벌 없이 인민군복만 입은 군인들이 총을 들고 서 있는 것을 발견했어. 저 어린 병사들을, 무엇을 지키자고 이 추운 날 바닷바람 센 비탈에서 민둥산 나목처럼 떨게 하는가? 목이 메어왔단다.

더욱 놀라웠던 것은 장전항으로 밀려 들어오는 자본주의 유입을 차단하려 함인지 높다랗게 세워놓은 촘촘한 방어용 철책이 겨울 산속으로 뻗쳐있는 것이 보이는 순간이었어. 현대해상 관광버스가 장전항으로부터 금강산 관광지구의 온정각까지 남쪽의 관광객을 실어나르기 위해 새로 낸 산속으로만 산속으로만 가는 도로였어. 그 도로 양쪽으로 높다랗게 철책을 세우고 그 철책을 따라 일정한 간격으로 북한의 무장 군인들이 총을 들고 지키고 있었단다. 가도가도 북한의 주민 한 사람 눈에 뜨이지 않는 산속인데 남쪽에서 온 관광객을 감시하는 그들의 경계가 살벌하였단다.

쓰려오는 마음을 달래주듯 우리를 태운 현대 관광버스는 소리도 흔들림도 없이 북으로 북으로 철조망 안의 도로를 따라 산속을 달리는 동안, 눈에 보이지 않는 압박감과 긴장감으로 아무도 말이 없었단다. 누구라도 같은 마음이었을 것 같아. 그런 중에 한 가닥 따듯한 추억을 불러일으키는 사건이라 할 만한 신기한 풍경이 멀리 차창 밖으로 보였단다. 산속으로 산속으로 달리는 버스 차창 밖으로 다랑논에서 얼음을 지치는 아이들이 보이지 않겠니? 인가도 없는 산속 다랑논에서 아이들 서너 명이 집에서 만든 것 같은 작은 썰매에 앉아 두 개의 막대기로 얼음을 지치며 놀고 있었단다. 할아버지 할머니 어린 시절에 마을 앞 얼음 논에서 타고 놀던 그 수제 썰매를 타는 아이들이었단다. 잠시 이념도 분단도 잊고 그러나 창문은 열지 못하고 우리 아이들과 꼭 같은 천진한 아이들을 바라보며 우리는 역시 한 민족이라는 안도감으로 마음이 따듯했었단다.

나는 너무나 반가운 마음에 '북쪽에 들어가면 절대 손가락질을 하지 말라'고 한 주의사항(우리와 문화가 다르다는 이유로)을 기억하고 있으면서도 흥분하는 나를 할아버지께서는 조마조마하게 지켜보고 계셨단다. 그래도 버스에 탄 우리는 자기 자리에서 가슴 높이에서만 손을 조심스럽게 흔들어주었고 다랑논 아이들도 우리가 탄 버스를 향해 손을 흔들어주었어. 그 풍경만으로도 우리는 처음으로 온기를 느끼며 조금은 긴장을 풀어보기도 했단다. 총을 든 감시병들이 늘어서 있는 긴긴 철책 사이로 달리는, 대한민국 버스는 남한의 관광객들을 싣고 허공으로 날아가고 있다는 생각이 들었단다.

눈 덮인 금강산

 겨울 금강산은 눈의 나라였단다. 거대한 설산의 비탈길마다 남한의 관광객들을 위해 눈을 치우고 길을 내놓은 그들의 노고가 놀라웠고 또 고마웠어. 그리고 춥고 험한 산중의 길목마다 젊은 여성들이 일정한 거리로, 안내원이라는 명패를 가슴에 달고 서 있었어. 상냥한 얼굴들이었어. 그러나 나는 긴장한 탓도 있었지만 그들이 무엇을 안내해 줄 것인지에 대해 물어볼 분위기도 정신적인 여유도 없었단다.

 할아버지와 함께 금강산의 만물상을 오를 때였어. 나는 상상 속의 발자취를 더듬으며 문득 그리움 속으로 파고드는 한 생각에 혼자 놀랐단다. 나의 아버지가 계실 이 땅, 어쩌면 이미 이 세상을 떠나셨을지도 모르지만 혹여 아버지가 북쪽에 남기신 혈육이 있지 않을까? 섬광처럼 스치는 생각이 나의 발걸음을 멈추게 했단다. 나는 아버지를 향한 간절한 그리움에 묻혀, 단 한 번도 상상해보지 않았던 놀라운 깨우침이었어. 만일에 아버지의 혈육이 이곳 북쪽 땅에 있다면, 저 추위 속에 서 있는 안내원 중 한 사람이 나의 친혈육이라면, 우리는 서로 알아볼 수는 있을까? 아니라고도, 그러리라고도 할 수 없는 기막히고 막연한 떨림으로 서 있는 나를 저만큼 서서 기다리시던 할아버지가 조용히 불렀단다.

남한의 관광객들은 혹여 저들이 제시한 금기 사항을 잊을까 봐 조심하고 긴장을 해야 했단다. 금강산의 거대바위마다 압도적인 커다란 붉은색 한글로 체제와 인물에 대한 찬양의 글이 새겨있었어. 그 글을 향한 손가락질도 절대 금기 사항이었지. 그리고 요소요소에 중요한 인물이 다녀간 곳이라는 안내문의 비석과 함께 경계석과 둘레 석에도 밧줄을 쳐 놓았어. 신발 끈을 맨다든가 또는 어떠한 이유로든 그 경계석에 발을 올리는 행위는 벌금형으로 금기 사항이었단다.

젊은 날 금강산 어느 능선을 걸으시며 하나의 독립된 국가를 꿈꾸셨을 나의 아버지는 이 땅이 서로 남남이 되어 오지도 가지도 못할 것을 상상이나 하셨을까? 저 기암절벽의 만물상 정상에 서서 멀리까지 끝 간데없는 바다와 수려한 금수강산을 바라보며 어떠한 청사진을 그리셨을까? 지금 내가 가쁜 숨을 돌리는 이 귀면암에도 아버지가 서 계셨으리라.

옥류동을 흐르는 이토록 맑고 신선한 물을 손으로 떠서 드시며 어! 시원타 하셨으리라. 한 발 한 발 디디며 그리움과 벅찬 아쉬움과 슬픔이 내 가슴 속에 소용돌이쳤단다. 나는 금강산에서 가슴이 터질 것만 같았단다. 아가야, 흰 눈에 덮인 눈부신 금강산은 참으로 웅장했단다. 만물상의 기기묘묘한 바위마다 이름을 짚으시는 할아버지의 찬탄을 들으며 나는 그 무엇을 찾느라 어느 한 곳에도 시선을 고정할 수가 없었단다.

금강산 요소요소에서 젊은 여자 안내원들은 그 눈 속에서 몇 시간이고 서서 남한에서 온 관광객들을 지켜보고 있었단다. 그들 누구라도 꼭 나의 형제만 같아서 조심스럽게 손을 마주 잡아보았단다. 우리는 서로 바라보며 미소만 주고받을 뿐, 참하고 순수해 보이는 그러나 경직된 그들의 모습에 아픈 마음을 표현할 수도 없었단다. 발이 푹푹 빠지는 눈 속에서 그녀들은 비 올 때 신는 고무장화를 신고 있었단다. 할 수만 있다면 나의 등산화라도 벗어 주고 싶을 만큼 그때의 가슴 저렸던 감회를 할머니는 몇 편의 시로 담아왔단다.

금강산의 여정이 끝나는 날, 나는 언제 다시 금강산을 올 수 있을까? 돌아보고 또 돌아보며 흰나비처럼 파닥이는 그리움을 저 가시철망에 걸어두고 다시 먼 공해상을 돌아서 분단의 땅 남한으로 돌아왔단다.

아가, 이제 너래바우집 주변에는 빗줄기가 가늘어지며 안개도 차츰 걷히고 있단다. 서서히 아침이 밝아오며 산더미 같은 파도가 달려와 절벽을 들이받는 소리가 가까워지다가 멀어지고 또 와르르 밀려오는 소리가 언덕의 이 집을 들어올릴 것만 같구나. 할머니는 오늘 연화대를 둘러싸며 몰아치는 저 파도를 가까이서 보고 싶은 유혹에 빠졌단다. 글을 쓰던 노트를 덮어서 방으로 들여놓고, 혼자서 비에 젖어 미끄러운 절벽 길을 조심 또 조심 내려가서 저 어마어마한 연화대의 파도를 보고 왔어. 엄청난 파도 소리가 가까워지는 것만으로도 가슴이 조여들 만큼 두렵기도 했지만 일상에 매몰되어 있던 내가 꽉 닫혀있던 문을 밀어부치고 나올 때처럼 숨이 탁 트였어.

비 내리는 미끄러운 비탈길 중간쯤을 조심조심 내려가는데 거대한 파도가 연화대를 들어올리는 것처럼 솟아올랐어. 파도가 솟아오르는 물기둥이 활짝 만개하는 물방울꽃잎들이 거대하게 피어오르다 부서져 내리는 물보라! 그 장엄함에 가슴이 떨려오며 나는 우뚝 그 자리에 발이 붙어버렸어. 너럭바위를 쓰다듬듯이 촤르르 촤르르 스러지는 물결에 감탄하는 순간, 다시 솟구쳐 오르는 물기둥에 숨이 멎으며 파도와 함께 부서지다 되살아나는 나를 느꼈어. 허공에 떠 있는 한 마리 작은 물고기처럼 나는 아득해지곤 했단다.

내륙지방에서만 살아온 나를 가두었던 일상의 틀은 얼마나 폐쇄적인 공간이었는가. 저 솟아오르는 물기둥이 자신을 산간조각으로 깨뜨리며 바다와 하나되는 물리적 이치는 어마어마한 놀라움이고 가슴 떨리는 환상의 장면이었단다. 저 솟아오르는 물기둥과 함께 산산조각으로 깨어지는 나를 보았단다. 통째로 떨리는 가슴을 쓸어내리며 넋을 놓고 있다가 문득 돌아보니 밤샘 보초를 교대하고 흠씬 젖은 우의 차림으로 돌아가던 군인들이 함께 지켜보고 있었어. 나는 손을 흔들어주고 젖은 비탈길을 올라 철책선 총총한 가시철망 길을 따라 숙소에 돌아왔단다. 저 부서지며 부딪치는 함성이 마당까지 따라와 오래 비에 젖으며 함께 있어주었단다.

비 오는 날은 온 세상이 평온해 보여

아가야, 오늘 너래바우집 주변은 새벽하늘이 붉은빛으로 물들어 있단다. 이제 막 어둠이 걷히는 바다가 하늘의 붉은 빛을 받아 연분홍색으로 물들고 있어. 해는 구름 속에 숨어있어도 아침은 밝아오는구나. 할머니는 일찍 잠에서 깨어 바다가 내려다보이는 오솔길을 따라 산책을 했어. 어제의 비바람으로 사납던 파도를 위해 이른 새벽까지 누가 자장가를 불러주었을까? 철썩철썩 쳐르르 쏴아아~ 파도 소리 사이사이 이슬 젖은 풀섶에서 풀벌레 울음소리에 나의 발걸음이 가벼웠단다. 곤히 잠자고 있을, 순한 우리 아기의 고른 숨소리를 듣는 것 같아서 마음이 편안해지는 산책이었단다.

우리 아가는 아직도 꿈나라에 있을 시간이구나. 어젯밤에 할아버지와 통화를 했었지. 우리 아가는 잘 자고 잘 먹고 잘 싸고 잘 놀고 있으니 아무 걱정하지 말고 쉬었다 오라

하셨단다. 그래, 착한 우리 아가, 그래도 할머니는 미안하고 또 고마운 우리 아가!

산책에서 숙소로 돌아와 뜰에 있는 둥근 나무탁자에서 이 글을 쓰는 사이, 어느새 또 이슬비가 마당 가 채소들을 적시고 있구나. 이토록 고적한 여름의 끝자락에서 매 순간 살아있음으로 세상을 깨우는 저 동해의 맥박 소리가 할머니를 일깨워줌에 벅차오르는구나. 서리서리 눌려있는 나의 기운이 눈을 뜨고 있단다. 저 광활한 바다를 바라볼 수 있는 곳으로 나를 데려와 준, 나의 딸에게 고마운 마음이 가슴 가득 차오른다. 홀로 서울에 입성하여 방송가에서 당당한 작가로서의 이름을 세운 나의 딸이 대견하단다. 서울 생활이 얼마나 외롭고 힘들었을까. 엄마한테 도움 한 번 청하지 않고 혼자 살아낸 나의 딸이 안쓰러워 마음은 늘 아팠단다.

아가야! 할머니는 고모와 함께 온 이 여행이 일깨워주는 의미를 생각하며 가슴이 벅차오른다. 나를 깊이 들여다볼 수 있는 이 시간, 나의 가슴을 가로지르듯 가시를 세우고 있는 철조망과 바위 절벽을 때리며 부서지는 동해 저 파도의 리듬이 이후 나를 변화시키는 울림으로 살아있을 것이라는 예감에 가슴이 뛴단다. 집에서 멀리 떠나와서 이렇게 조용한 시간에 나 자신과 마주하는 나는 파도치는 동해의 기운을 흠씬 받는다. 너의 고모는 새벽까지 책을 읽더니 아직 꿈속에 있단다. 굵어지는 빗방울이 한바탕 소나기를 몰고 올 것 같지만 빗속으로 어슴푸레 밝아오는 여명, 저 파도 소리, 세찬 빗줄기와 나도 하나로 젖을 수 있는 이 뜰이 참 좋구나.

아가! 할머니가 아직 태어나기 전에 우리나라는 일본의 식민지였단다. 우리 국민은 굴욕적이고 비참한 식민지 백성으로 36년 동안 일본의 지배를 받으며 살았단다. 나의 아버지를 비롯한 의식이 있는 우리나라 사람들은 독립과 함께 국민 누구나 평등하게 살 수 있는 하나의 국가를 세우고자 열망했더란다. 마침내 일본은 미국과의 전쟁에서 패망했고, 우리나라는 1945년 8월 15일 일본으로부터 독립을 했으나, 독립을 기뻐할 사이도 없이 거대 국제정세로 강대국들에 의해 남과 북으로 갈라지게 되었다는구나.

주룩주룩 비가 오는 날은 온 세상이 평온했지. 오늘처럼 비가 오면 우리 집의 워리는 짖을 일이 없었으므로 마루 밑에서 낮잠을 잤어. 비가 오는 날에는 아버지의 행방을 찾아내려고 우리 집 대문을 박차고 들이닥치던 군인들도 오지 않았거든. 세상과 차단하는 빗소리의 리듬을 타며 마루에 바느질감을 내어놓는 우리 엄마는 조금 편안해 보였어. 그런 날이면 나는 엄마 옆에 엎드려서 추녀 끝에서 떨어지는 빗방울 자국을 세다가 낮잠이 들곤 했단다. 나를 감싸주시는 눅눅한 엄마의 치마폭이 참 포근했단다. 나는 어른이 되어서야 비가 오는 날이면 그냥 마음이 편안해지던 이유를 비로소 깨닫게 되었단다.

연일 내리는 비로 휴휴암까지 왔다가 바다로 내려가는 사람들의 발길이 뜸해졌어. 저 연화대 불전함은 비에 젖으며 한가하고, 확성기는 쉼 없이 불경을 들려주고 있단다. 는개비*는 벼랑과 나무와 풀들을 차분히 적셔주고 바다는 생동감으로 파동치는구나. 내가 살아온 도심과는 아주 색다른 풍경들이 놀라움과 신비로움으로 매시간 나를 일깨워주고 있단다. 이 생동감 넘치는 자연 안에 침잠하며 순해지는 할머니는 비에 젖는 노송이 된 것도 같고 바람 부는 대로 흔들리는 풀잎이고, 수많은 생명력을 품은 채 파동치는 바다의 숨소리와 하나가 된 것 같은 벅찬 감동에 젖어 있단다.

너래바우집 마당 가 텃밭의 상추, 쑥갓, 토마토, 고추, 오이, 가지들이 비를 맞으며 쑥쑥 자라고, 호박잎들이 어제보다 너울너울 올라와서 빗속에서 모두들 왈츠를 추듯

일렁인단다. 저 동해의 파도 소리, 빗소리, 독경 소리가, 배경음악으로 절묘한 리듬을 타며 비와 함께 흐른단다.

* 안개보다 굵고 이슬비보다는 가느다란 비를 일컬음.

백두산 천지天池의 구름

 이제 막 새벽이 밝아오는 동해가 끊임없는 파도로 힘차게 아침을 깨우는 중이란다. 아가야! 새벽부터 내리는 비는 밝아오는 아침 속으로 줄기차게 내리는구나. 추녀 안에 달아놓은 60촉 알전구를 켜놓고 뜰에 놓인 탁자에 앉아 이 노트를 펼쳐본다. 바람에 들이치는 비로 축축한 기운에 조금은 썰렁하지만 새벽 비에 묻어오는 바다의 냄새, 안개에 싸인 주변의 풍광을 안고 일정한 리듬의 파도 소리가 내 안으로 들어오며 큰 숨을 쉬게 하는구나.

 너풀너풀 텃밭의 채소들이 온몸으로 빗방울을 받으며 꼭 목욕을 시켜줄 때 부쩍부쩍 크는 것만 같은 우리 아기처럼 생동감이 넘치네. 빗줄기가 일으키는 안개가 절벽을 휘돌아 이곳 민박집을 에워싸고 있어서 이곳은 마치 꿈속의 오두막 같단다. 무엇보다 나를 사로잡는 풍광은 절벽 아래서 높은 파도를 일으키는 바다란다. 거대한 너럭바위를 때리는 파도

소리가 이 절벽 위 조그만 집을 흔들고 있는 것만 같다. 저 너럭바위에 거대한 물보라를 일으키며 우레와 같이 부딪고 부서지는 파도 소리를 들으며, 나의 존재는 작은 빗방울과 같다는 생각이 드는구나. 수평선까지도 지우며 몰려오는 해무 속에서 오늘 할머니는 실루엣처럼 앉아 글을 쓰고 있단다.

아가야, 지금으로부터 3년 전, 그러니까 2000년 8월 초에 할머니와 할아버지는 백두산을 다녀왔단다. 중국 여행 일정을 통해서 백두산의 천지天池까지 갈 수 있었어. 오늘은 할머니의 백두산 여행 이야기를 들어보렴.

우리나라 땅의 허리에는 남과 북으로 가르는 철조망이 둘러쳐 있다고 한다. 나는 그곳을 직접 가서 보지는 못했지만 그곳을 38선 또는 휴전선이라고 해. 하나의 독립국가를 세우려는 우리 민족의 열망을 깨뜨린 경계선이 바로 저 38선이라는구나. 세계 제2차대전 이후, 1945년 8월에서 9월 사이에 광복을 맞이한 조선반도에 미군과 소련군이 진주하면서 북위 38도의 위선을 기준으로 설정된 경계선이란다. 목적은 미국과 소련이 상호 간의 군사적 무력충돌을 막기 위해 그들 두 나라의 합의하에 우리나라 땅에 설정된 군사경계선이 바로, 하나의 독립 국가를 세우자는 우리 국민의 열망을 무너지게 한 무력이었단다.

1948년, 남한만의 단독정부가 세워지고 우리 민족과 영토는 둘로 쪼개지고 말았단다. 불행하게도 하나의 독립 국가를 세우자는 국민의 열망은 좌와 우의 이념으로 대립하게 되었고 우리나라는 불행한 내전이 일어났단다. 이 슬픈 역사로 인해 수많은 가정이 남과 북으로 이산가족이 되었고 우리 집도 아버지의 행방을 알 수 없는 채 우리 가족에게 씌워진 연좌제로 오랜 날들을 고통과 두려움, 그리움과 슬픔을 소리없이 끌어안고 살아왔단다. 이 동해의 절벽에 둘러친 철조망과 다르지 않은 듯 다른, 저 38선은 민족 단절의 피맺힌 경계의 철조망이란다.

그 철조망의 남쪽은 지금 우리가 사는 대한민국으로, 우리는 남한이라 하고 철조망의 북쪽을 북한이라 한단다. 북한 사람들은 그들이 사는 땅을 조선민주주의인민공화국이라 한다는구나. 그래서 남한에 사는 우리나라 사람들은 중국을 통해서만 북한에 있는 백두산의 천지를 가볼 수 있단다. 중국의 땅에서 바라보는 백두산의 광활하게 짙푸른 천지 앞에서 조약돌보다도 작은 존재인 나는 가슴이 먹먹하였어.

그 감회는 표현할 수 없을 만큼 슬펐단다. 구름 한 점 없이 파란 하늘을 품은 백두산 천지를 바라보는 너의 할아버지를 비롯한 우리 일행 모두는 감동으로 말을 잃었단다.

그 순간에도 나는 저 푸르고 광활한 천지를 이고 있는 북한 땅 어느 곳에 나의 아버지가 계실까? 우리 가족은 아직도 행방을 알 수 없는 아버지가 북한 땅에서라도 잘 살고 계시기를 기원한단다. 일제치하에서 하나의 독립국가를 열망한 아버지는 38선 이남에서 연좌제라는 죄목에 묶여있는 아내와 자식들의 고통을 짐작이라도 하실까? 짧은 순간에 내 안에서 소용돌이치는 뜨거운 아픔이었단다. 그 땅에서 불어오는 바람에 묻어오는, 실체도 모르는 그리운 숨결을 느껴보려고 깊게 심호흡을 하였단다. 바로 눈앞의 천지 너머 저 멀고 먼 땅, 우줄우줄 내달리는 산맥의 가파른 지점에서 한 발도 앞으로 나아가지 못하는 나는 넋을 잃은 천치가 된 것처럼 멍하니 바라만 보아야 했던 백두산 천지였단다.

아가야! 내 땅에서는 길이 막혀 이국의 멀고 먼 길로 찾아갔으나 백두산 천지에도 우리의 발길을 막는 보이지 않는 국경선이 있더구나. 중국 쪽의 백두산에 서서 천지의 맑고 푸르른 물속으로 비춰오는 저 건너 백두산을 하염없이 바라보고 또 바라만 보았단다. 가슴속에서 맴도는 오열, 가슴속에서만 숫구치는 그리운 말, 태어나서 한 번도 불러보지 못한 '아버지'라는 말을 그리고 안부의 말을 가슴에만 품고 돌아서야 했단다.

우연일까? 시간에 쫓기며 내려오는데 나의 설움이, 우리 일행들의 아쉬움이, 천지에 닿았을까? 파랗게 맑기만 하던 하늘에 티끌처럼 작은 구름 한 점 맺히더니 일순간에 검은 구름으로 천지를 캄캄하게 덮는 듯했어. 그 먹구름이 천지의 서러움이라면 백두산의 눈물이라면 나는 그 비를 다 맞으며 통곡하고 싶었단다. 촉박한 일정으로 황량한 비탈을 미끄러지듯 아쉬움을 안고 내려오는데 천지는 또 해맑은 얼굴에 푸르른 하늘을 담아내며 우리를 배웅하였단다.

천지를 뒤로하고 내려오는 백두산에는 고산 식물인 작은 야생화들이 소박하면서도 기품있게 피어있었단다. 그 야생화들은 백두산을 한 핏줄로 물들이는 뿌리라고, 마음을 달래며 내려오는데 천지가 쏟아 내리는 장백폭포가 우렁차게 백두산을 뒤흔드는 것만 같았어. 아! 웅장하게 쏟아지며 굽이쳐 내려오는 맑디맑은 천지의 우렁찬 기상을 나는 그냥 바라보기만 할 수 없었단다. 내가 들고 다니던 작은 생수병에 그 통일의 생명수를 담아서 천지를 안아보고 싶었어. 아, 그 차가움이리니! 손에 든 병을 물속에 넣는 순간, 그 냉기의 전율이 한순간에 나의 왼손과 팔목을 마비시키며 온몸이 얼음이 되는 것 같았단다. 말로 표현할 수 없을 만큼 큰 충격이었단다.

그날 나의 통통 부어오른 왼쪽 손과 팔목은 닿을 수 없는 것에 대한 허망한 열망에 들뜬 나의 아픔이었단다. 그날의 냉기로 얻은 냉 알레르기가 아침마다 재채기로 천지의 한 점 구름처럼 찾아오곤 한단다.

아가야! 이제 이곳 너래바우 마당에도 어둠이 가시며 빗속에서도 주변이 환하게 밝아오고 있어. 아직 이른 시간이어서인지 비바람 때문인지 인적이 없는 연화대는 저 어마어마한 파도 소리만으로도 그 위력이 압도적이란다. 아가, 아름답고도 의미 깊은 설화로 전해지는 저 연화대의 이야기를 들어보려무나.

저 절벽 아래 바닷가에는 거대한 바위들이 무질서한 것처럼 흩어져 길게 누워있단다. 그중에 거대바위 한 무리는 나의 눈에도 마치 인자한 거인이 누워있는 형상으로 보였단다. 아주 오래전 한 스님이 있었는데 그 거대바위의 형상을 일러, 이는 중생을 위해 나투신 부처님이라 하였다는구나. 그 스님은 누워계신 부처님께 매일 불공을 드렸단다. 그리고 저 어마어마한 너럭바위를 둘러싸고 치솟으며, 장엄하게 솟구치다 부서지는 순백의 물보라는 삼라만상 중생의 죄업을 씻어내기 위해 거대하게 피어나고 또 피어나는 백련꽃이라고 하였더란다.

이는 자비로우신 부처님께서 연꽃을 피우심이라, 깨우침을 얻은 그 스님은 저 너럭바위를 연화대라 이름을 지었다는구나. 아가야, 그 스님의 발원처럼 저 연화대가 피워내는 연꽃의 기원으로 남북이 철조망으로 단절이 된 우리 민족의 상처와 슬픔을 부디 씻어내 주기를 할머니는 마음속으로 기원해 보는구나.

백령도 물범들의 대화를 엿듣다

2006년 8월 10일, 지금 시간은 오후 2시 45분이구나. 할머니는 만다린호 객실의 창가에 앉아서 무심하게 일렁이며 끝없이 반짝이는 서해의 파도 너머로 멀어지는 섬을 바라보며 이 글을 쓰고 있단다. 백령도 2박 3일 일정을 마치고 우리는 오늘 오후 2시에 '만다린호'에 올라 고마운 친구와 그분 가족의 배웅을 받으며 백령도를 떠나왔단다. 무럭무럭 잘도 자라는 우리 아가야! 우리는 8월 8일인 그저께 이 만다린호로 백령도에 들어왔었단다. 백령도의 짧은 여행 동안, 할아버지도 모르게 할머니의 가슴에만 담아 두었던 이야기를 우리 아가에게 들려주려고 해.

어느새 할아버지 할머니와 통화를 할 만큼 말이 영근 아가야! 조그만 휴대전화기 속에서 들려오는 너의 목소리가 바로 내 품에서 들리는 옹아리 같구나. 백령도에서 북방한계선이 가까운 광활한 서해에 쪽배를 타고 있는 것 같은 감회가 가슴을 두근거리게 하는구나. 섬 특유의 고요함 속에서 매 순간 철썩이는 파도 소리와 끝이 안 보이는 검푸른 바다의 위력을 실감하는 중에 전화기 속에서 들려오는 우리 아기의 목소리에 할머니는 마음이 참 편안해졌단다.

백령도는 대한민국 옹진반도 서쪽에 있는 섬이란다. 우리나라의 서해 최북단에 둥실 떠 있는 외로운 섬이지. 행정구역상으로는 인천광역시에 속해 있다는구나. 할아버지와 할머니는 인천에서 배를 타고 이곳에 왔어. 백령도는 북한과의 군사 접경지역이라는구나. 조용한 아침의 나라 대한민국은 불행하게도 외세의 침략과 동족 간의 전쟁으로 남과 북으로 갈라졌단다. 그로 인해 외세에 좌지우지되는 운명에 처하게 되었더란다. 그때 단단한 모래 벌인 사곶해변을 천연활주로로 이용하고자 미국에 의해 백령도는 남한의 땅이 되었다는구나.

인천항에서 뱃길로 4시간 40분이면 도착할 수 있는 백령도란다. 그야말로 망망대해에 둥실 떠 있다는 사실에 낯설기도 하지만, 매 순간 파도 소리가 배경음악처럼 편안하게 느껴지기도 하는구나. 바람은 시원하면서도 소금기를 머금어서인지 무겁게 느껴진단다. 배가 백령도에 도착하고 보니, 백령도에 사는 할머니의 친구가 마중을 나와주었어. 그 친구의 따듯한 배려로 우리는 편안한 숙소에 짐을 풀게 되었단다. 나와는 대학 동문이지만, 그분은 청년으로 사랑하는 아내와 어린 자녀 남매와 함께 이곳 백령도에 들어와 살면서 나라를 지키는 공군 중사님이란다.

우리는 백령도에 도착한 후, 걸어서 천천히 마을들을 산책했어. 백령도는 멀고 먼 외딴 섬이라기보다는 이웃 사람이 사는 고향 마을처럼 푸근하게 다가오더구나. 대를 이어 그물을 꿰매며 논밭을 기름지게 가꾸며 '김치떡'을 나눠 먹는다는 순박한 사람들의 땅임을, 몸으로도 느껴지는 시간들이었어.

그런데 이곳이 북방한계선이라는 사실을 실감하게 하는 가시 울타리가 해안선을 둘러싸고 있더구나. 단단한 사곶 해변이 활주로가 된 날부터 백령도는 철책에 둘러싸이게 되었다는구나. 저 동해의 바위 절벽을 둘러싸고 있는 그 철조망을 이곳에서도 만나게 되니 할머니는 참 가슴이 막막해졌어. 어마어마하게 크고 높은 두무진 바위 절벽 위에서 내려다보는 백령도는 표지석을 돛대 삼아 서해 최북단에 둥실 떠 있는 등대처럼 어디를 돌아봐도 끝없는 바다뿐이었어.

  아가야, 너를 유모차에 태우고 무심천 뚝 길을 산책하며 노래하듯 꽃 이름과 꽃말을 들려주던 그 야생화들을 이곳 백령도에서 만나며 마음이 참 편안해지더구나. 먼 바다에 외롭게 둥실 떠 있는 멀고 먼 섬 이곳 백령도에도 달맞이꽃, 씀바귀, 나리꽃, 원추리꽃과 질경이 같은 야생초들이 지천으로 꽃을 피우고 있구나. 여치며 방아깨비, 사마귀들이 우리의 발소리를 듣고 후륵, 후르륵 날아갔다가 내려앉는단다. 귀뚜라미도 밤새 노래를 불러주어 이곳이 머나먼 섬이라는 사실을 잊기도 했단다.

  어제는 할머니의 친구인 공군 아저씨가 "똥차지만 기름을 넉넉히 넣었으니 잘 굴러갈 겁니다."라며 자가용 자동차를 내어주셨단다. 할아버지가 운전하여 조용히 숨어있는 몽돌해변과 가시 울타리가 둘러쳐진 넓은 해변을 산책도 하고 사곶 해변을 천천히 걸어보았어. 두무진의 거대바위 기암괴석 위에 올라가서 끝없이 펼쳐진 바다를 바라보며 나는 얼마나 작은 존재인가 할머니는 난쟁이 나라에서 온 아주 작은 사람이라는 생각이 들었단다.

또 그분의 어린 아들딸과 동기간처럼 다정한 부인과 함께 방학 중인 백령초등학교를 가보았어. 작은 건물과 아담한 운동장의 참 조용한 환경이었어. 아쉽게도 공부하는 아이들은 만나지 못했지만 교실에서 수업하는 아이들과 선생님들의 목소리가 파도소리와 하모니를 이루며 들려오는 것만 같이 활기찬 기운이 도는 학교였단다.

우리의 발길이 머문 곳은 뜻밖에도 뱃머리에 서서 치마폭을 바람에 휘날리며 거친 바다로 뛰어들 것만 같은 심청의 동상이었단다. 심청이는 우리 엄마가 나를 재워주시며 읽어주시던 옛날이야기 책 『심청전』의 주인공이야. 앞 못 보는 아버지의 눈을 뜨게 했다는, 전설의 바리데기와 같은 효녀 이야기란다. 어머니가 책을 읽어주실 때 어린 나는 한 번도 본 적이 없는 바다를 어떻게 상상했을까? 동네 아이들과 물놀이하는 냇물을 그려보았을까? 그곳에서 치마로 얼굴을 가리고 깊은 물로 뛰어드는 심청이를 상상했을까? 이제 생각해 보니 나 어렸을 적에 놀던 그 냇물의 깊은 곳을 두려워하던 나는 심청의 두려움을 공감했던 나의 트라우마일 수도 있겠다는 생각이 드는구나.

어머니가 책을 읽어주실 때마다 나를 울리던, 책 속의

심청을 현실처럼 형상화한 동상 앞에 오래 서 있었단다. 친구의 다정하신 부인은 우리를 백령도의 김치떡을 파는 집으로 안내하였단다. 백령도 김치떡은 아주 커다란 만두 모양이야. 밀가루 반죽의 만두피에 김치를 숭숭 썰어 꼭꼭 다져 속을 넣었는데 할아버지의 손만큼이나 두툼하고 커다란 김치떡은 참 맛이 좋았단다. 그런데 이 김치떡에는 북쪽의 고향을 버리고 이곳으로 피난을 오게 된 이들의 애환이 서려 있는 만두떡이라고 설명해 주셨어. 할머니는 별미로 맛있게 먹으면서도 만두를 삼키는 목이 뻐근하게 아파왔단다.

한낮의 햇살에 자욱하게 피어오르는 안개 속으로 이제 백령도는 점점 멀어지고 있구나. 여행에 지친 피서객들은 저마다 넓은 선실 여기저기 자리를 잡고 곤한 잠에 빠져있기도 해. 저 사람들 개개인은 무슨 사연과 깊은 생각으로 백령도를 찾았을까?

나는 왜 백령도를 와보고 싶어 했을까? 요새와 같이 견고하면서도 기기묘묘한 절벽 아래 모여 사는 두툼진 얼룩 물범들은 바닷속으로 사라졌다가 한참 만에 돌아와서는 저희끼리 무슨 소식을 전하는지 둘러앉아서 소란소란, 낄낄낄, 야단법석이었단다. 또한 너울너울 크고 작은 서해의 파도들은 멀리멀리 북한의 장산곶까지 달려갔다가 천천히 다시 돌아와서는 구석구석 연화리 몽돌들에게 다글다글 조잘조잘 전하는 이야기들이 끝이 없었단다.

가족의 소식을 알기 위해 이산가족화상상봉을 신청한 나의 당고모님 편에 북에 계시는 나의 아버지 소식을 듣게 되었단다. 나는 어머니의 산소 앞에서 아버지가 돌아가셨다는 소식을 고해 올리며 차마 말씀드리지 못한, 한 사연이 있었단다.

2박 3일 동안 마음속으로만 하염없이 백령도에서 멀지 않다는 북쪽을 바라만 보면서 할아버지한테도 하지 않은 이야기가 있단다. 여행으로 모처럼 편안해진 할아버지를 방해하고 싶지 않았어. 저 외로운 백령도를 바다에 둥실 띄워 놓고, 배는 파도를 가르며 인천으로 유유히 돌아가는구나. 나는 이 배에서 방향을 가늠할 수도 없지만 어림만으로 점점 멀어지는 저 북쪽의 장연과 해주 쪽을 향해 속마음으로 형제의 정을 띄워 보내보는구나.

'우리 서로의 존재에 대해 따뜻한 핏줄 당김으로 안녕을 빌자'라고 기원해 본단다.

크고 하얀 맨발

1

아가야!

불안하던 나의 유년을 지켜주던 특별한 담채화 한 폭이 있었단다. 어린 나의 뇌리에 시시때때로 떠오르는 크고 하얀 맨발이 있었어. 그 하얀 맨발의 복숭아뼈에는 빨간색이 불빛처럼 반짝였어. 두려움이 우리 집을 통째로 삼킬 때면 그 맨발이 떠올랐고, 나는 그 맨발의 그림 속으로 숨어들었어. 크고 하얀 맨발, 그 복숭아뼈의 빨간색은 불안한 나를 따스한 등불처럼 감싸주었단다

크고 하얀 그 맨발은 내가 어른이 되어서도 나의 뇌리에 한 폭의 담채화로 떠오르곤 했단다. 누구의 발인지, 어째서 나의 뇌리에 따듯하게 찾아오는지, 나는 그 크고 하얀 맨발의 존재에 대해 혼자 막연한 염원을 키워왔었단다. 나는 누구에게도 내 안에 살아있는 그 '크고 하얀 맨발'에

대해서 입을 열지 않았어. 때때로 나의 어머니에게는 말하고 싶었단다. 그런데 어머니한테 그 이야기를 하려고 생각만 해도 웬일인지 목이 메어오고 울음이 터질 것 같았어. 그때마다 나는 입을 열지 못했단다.

나 마흔 살에 이르렀을 때 일흔네 살이 되신 어머니가 우리 집에 오셨어. 막내딸 생일 하루 전날이면 쇠고기를 한 근 사서 들고 오시는 우리 엄마, 자나 깨나 통일에 대한 염원으로 남북적십자회담에 귀를 기울이며 긴 기다림의 하루하루를 이겨내시는 나의 어머니였단다. 그날도 TV를 보시며 '남북적십자회담은 또 언제 열릴는지…….' 혼자 말씀으로 한숨을 쉬셨어. 나는 용기를 내었어. 내 안에 깊이 간직한 '복숭아뼈에 빨간 약을 바른, 크고 하얀 맨발'을 이야기하려는데 터지려는 울음을 삼키느라 뻐근해지는 목을 꿀꺽 삼키고는 엄마한테 그 이야기를 털어놨단다.

내가 막연하게 간절하게 염원해왔던 대로 그 크고 하얀 맨발의 정체는 바로 나의 아버지 발이었단다. 그 맨발에 대한 나의 생생한 설명을 들으신 어머니는 "세상에!"란 말로 한참을 놀라운 얼굴로 나를 바라보시며 말이 없으셨어.

"네가……, 아기였던 네가 어떻게 아버지의 그 발을 기억하느냐?"

이윽고 어머니는 어제 일처럼 생생하다 하시며 가슴속 깊이 묻어두었던 아버지와의 마지막 그 밤의 이야기를 나에게 처음으로 들려주셨어.

"네가 두 돌이 지나고 한참 되었던 어느 날 아버지가 집으로 사람을 보내셨어. 어느 어느 곳으로 아기를 데리고 오라는 전갈이었어. 나는 너를 업고 그 멀고 낯선 곳을 물어물어 찾아갔어. 온양 온천의 어느 여관이었어. 그날 밤 아버지는 너를 처음으로 안아보셨어. 내가 가져간 모시 중의 적삼을 갈아입으시고 너를 무릎에 안으시고 아버지는 나직나직 말씀하셨어. 어쩔 수 없이 먼 길을 떠나야만 한다고, 연로하신 아버님과 아이들을 잘 부탁한다고, 곧 돌아오게 될 것이라고, 걱정하지 말라고, 미안하다고 하셨어. 아기인 너는 아버지에게 안겨서 아버지의 맨발을 만지며 옹알옹알 소리를 내며 놀았어. 그래, 그때 아버지의 맨발은 참 크고도 하얀 발이었지. 왼쪽 발 복숭아뼈에 상처가 있었어. 내가 빨간 '아까징끼' 약을 발라드렸단다. 아기인 네가 아버지의 그 발을 기억 속에 새겨두었구나! 아버지는 잠시 이별이라 했는데……, 아기는 핏줄을 놓지 않고 그렇게 붙들고 있었느냐……."

 아! 나는 태어나서 단 한 번이라도 아버지 품에 안겨 보았다는, 아버지와의 처음이자 마지막 밤 이야기를 들으며 누르고 있던 울음이 터졌단다. 얼마나 오랜 날들을 가슴속에 담아두었던 울음이었는지. 내가 울면 어머니가 울까 봐 단 한 번도 아버지 이야기를 입 밖에 꺼낼 수 없었어. 그 단단한 울음덩어리가 한꺼번에 터지며 쏟아졌단다. 나는 그날 엄마를 울리며 비로소 내 존재의 의미를 확인하였어.

 '나의 막내딸 산아! 아기인 너의 손을 기억하노라!'고 아버지의 크고 하얀 맨발이 보내오는 텔레파시였음을 나는 비로소 알았단다. 그 크고 하얀 아버지의 맨발은 나의 뇌리로 찾아오는 순간들의 벅차던 순간들과 함께 오래된 담채화로 지금도 내 안에 살아있단다.

2
 아가야, 나의 손녀로 와준 귀한 나의 아가야!
 어렸던 나에게 젖어 들었던 아픔을 시로써 풀어내기 위해 할머니가 너희 3남매를 키우며 탐독한 젊은 세대들의 시집들이 토해내는 시적 세계는 참으로 난해했단다. 내가 살아온 어둡던 시대를 초월한 이 시대의 젊은 작가들의 세계는 그들만의 또 다른 어둠으로 앞이 보이지 않는 깊고 고뇌에 찬 사유의 시적 세계였으므로 할머니는 또 아팠단다. 내가 그 시집들과 씨름을 하며 젊은 세대들의 고뇌와 함께 하는 사이, 아기였던 너희들이 그리고 이 할머니가 돌봐주지 못한 고모들의 아기들까지 어느새 모두 청소년으로 성장했구나.

아, 글이란 얼마나 깊고 섬세하고 잔인하리만치 날카로워야 하는지. 우리는 누군가의 글에서 필자의 발가벗은 영혼을 만나고서야 공감대가 형성되지 않더냐? 그렇단다. 해볼 만한 소통이란다. 나의 서가에 꽂혀있는 국내외시집들은 19세기~21세기의 예술·문학적·학문적 이론과 시대적 패턴의 집합체이며 역사서이며 개개인 고뇌와 정서의 사전들이란다. 중세를 넘어 근세를 열어젖힌 단테의 신곡, 중국 고대 시경·초사, 도덕경, 선시禪詩의 풀이집들 그리고 철학자들의 사유에도 밑줄을 그어가며 젖어보고자 했단다. 고대의 높은 경지의 언저리를 산책이라도 하며 그 시간 속에서 할머니는 지적 허영심을 달래보았단다. 쑥쑥 자라는 너희들 속에서 나의 삶은 소박하게 풍요로웠단다.

 너의 둘째 고모에게 내가 필요한 책의 목록을 보내면 고모는 즉시 책을 주문해 보내주었어. 지난 25년 동안을 한결같이 한 권도 빠뜨리지 않고 그 많은 책을 서울의 큰 책방에서 직접 배송하게 하였단다. 척박한 나의 내면을 풍요롭게 해준, 내가 공부한 400여 권의 시집과 책들은 페이지마다 시적 이론, 시대적·시인의 관점, 세계관 등. 줄을 긋고 나의 사유가 일어나는 즉시 연필로 휘갈겨 쓴, 거의 낙서장에 가깝단다. 방송 작가인 너의 둘째 고모는 훗날 자신이 詩 공부를 하게 될 때 소중한 교과서가 될 것이라며 그 책들을 엄마에게서 유산으로 받을 것이라고 한단다.

 누구와도 낯가림하지는 않지만 성격도 성향도 외향적이지 않은, 글을 쓰는 작업을 온전히 집에서 하는 나에게 너의 큰고모는 참 좋은 친구란다. 할머니는 때로 지치고 마음이 허해질 때가 있어. 그럴 때 큰고모에게 카톡을 보내면 곧 '엄마 뭐 하세요? 아버지 모시고 밥 먹으러 갈까요?'라고 즉답을 보낸단다. 너의 큰고모는 친정, 시댁, 부모님 건강하시니 자신은 행운아라고 할 만큼 긍정적인 사람이지. 부모님 계실 때 잘하자는, 양가의 화통하고 속 깊은 자식이란다. 카페에서 두어 시간씩 풀어지는 엄마를 다 받아주는 너의 큰고모는 누구에게든 나를 큰언니라 소개한단다. 할아버지의 카리스마를 받은 나의 맏딸이 나는 종종 언니처럼 느껴질 때가 있단다.

앞만 보고 달리다 보면 지치고 때로 나 자신에게서조차도 벗어나고 싶어서 멀리 있는 딸들이 보고 싶어지지. 그럴 때는 주말을 틈타 서울보다 접근성이 편한 송도의 막내 고모에게로 가면 서울의 둘째 고모가 달려온단다. 고모들은 할머니와 함께 맛집을 가고 영화도 보고 와인잔을 들고 밤이 깊도록 이야기를 나누지. 열심히 살아온 나의 딸들에게 한편으로는 엄마로서 미안함을 갖고 있단다. 일과 육아를 함께해야 하는 이 시대의 딸들에게 이기적인 엄마인 나는 아무런 도움을 주지 못한 것이 늘 마음 아프단다. 미술을 전공한 너의 막내 고모는 두 딸을 다 키우고서야 사십 대의 마이웨이를 달리는 중이란다.

4남매 중 막내며 장남인 너의 아빠, 맏딸로 태어나 품이 큰 나의 며느리인 너의 엄마, 집안을 가득 채울 만큼 성장한 너희 3남매 손주들 3代가 함께 사는 우리 집은 할아버지 인생의 보람이며 자부심의 꽃이란다. 친구들의 모임에 다녀오신 할아버지의 목청 돋운 노래가 있지? "아! 대단한 내 친구들 가운데서 돈은 내가 좀 읊어두, 손주는 내가 젤 부자여! 여덟 명의 손주들로도 나는 애국자여! 그럼!"

 아가야! 우리 집에 첫 손녀로 태어난 네가 어느 사이 숙녀가 되었네! 이 시대에 3代가 화목하게 살아가는 우리 집은 청소년이 된 너희 3남매가 큰 힘이며, 미래를 살아갈 너희들에게도 삶의 탄탄한 바탕이 되길 바란다. 우리 집의 구심점인 너의 엄마와 할머니는 이 가문에 옮겨심은 나무란다. 닮은 나무인 나와 며느리는 서로를 존중하며 상호 적당한 '거리 두기'의 지혜로, 우리 집은 산소가 충만한 숲이지. 너의 엄마 아빠는 부모인 우리 내외와 그리고 청소년들이 된 너희 3남매와의 소통에도 슬기롭게 이 큰 가정을 잘 이끌어가고 있구나. 가파른 불혹을 달리며 카리스마와 유연함으로 품이 큰 가장인 나의 아들과 며느리! 때로는 은근히 할아버지의 편일 때, 그 지혜로움이 참 고맙구나.

3부

풀어내다
―제주 첫째 날

2021년 7월 18일, 오랜만의 제주공항은 어느 외국의 공항에 내린 것 같이 낯설다. 곧 '나다운 재미 제주' '나다운 힐링 제주'라는 커다란 문구가 내 안으로 들어온다. 일기예보는 오늘 제주에 폭우가 온다고 하였지만 날씨는 맑고 하늘은 티 없이 파랗다. 바람이 매끄럽다. 청주에서 16시 출발, 17시 10분 도착 예정이었으나 활주로 사정으로 제주 상공을 약 15분간 선회하다 착륙을 했다. 여름 휴가로 성황을 이룰 제주공항은 코로나 19의 영향으로 비교적 한산하다. 마스크 쓴 종사자들의 안내에 따라 여행객들은 서두름 없이 조용히 들뜬 모습들이다.

방송 작가인 둘째 딸이 원고를 넘기고 잠시 쉬는 시간을 갖기 위해 온 가족이 애견 '비누'까지 데리고 제주로 날아왔노라며 '독채 팬션, 방이 넉넉합니다. 제주에 오실 분 환영합니다.'라고 카톡방 '홍여사경호팀'에 올렸다. 함께 가자고 하는 나에게 남편은 '매칼' 없는 짓이라고 한마디로 사양했다. "가고 싶으면 당신이나 다녀와요." 철저한 계획을 생활화하는 남편이다. '계획 없음'이 이번 나의 제주여행 계획이다. 일주일의 휴가다. 나 혼자만의 시간을 갖게 해준 남편에게 많이 고맙다.

 마음 가는 대로 자기 시간 보내기. 먹고 싶은 사람은 알아서 취사 해결하기. 맛집 검색했으니 가자 하면 따라가기. 금능 바닷가 거친 현무암에 엉덩이가 배기도록 앉아 수평선 바라보기. 밀려오는 파도 소리에 넋을 놓고 생각 주머니 텅 비우기. 바다가 끝없이 넘실대는 해안선 따라 지치도록 걸어보기. 바닷속 분화구로 전복 따러 간 해녀의 숨비소리에도 귀 기울여보기. 재즈카페에서 칵테일 한 잔 앞에 놓고 일몰의 풍경에 전율해 보기. 일몰에 물든 구름이 춤추는 하늘에 미쳐보기. 밤하늘보다 캄캄해지는 밤바다와 함께 뒤척여보기. 이 염치 없는 계획 속에 꺼내놓지 못한 나만의 과제가 있다.

 국어사전에 '매칼'은 '공연히'의 방언, '공연히'란 '아무런 까닭이나 실속 없이'란다. 아, 나는 이 매칼 없는 여행을 생각하는 것만으로도 투스텝이 절로 나올 것만 같다. 그래도 제주에 오시는데 꼭 가보고 싶은 곳을 생각해 두라고 딸은 말했었다. 일 없다. 제주 바닷물에 날마다 나를 풀어내자는 나의 버킷리스트를 실행할 것이라는 속마음만으로도 이미 나는 백치다. 특정한 종교도 없이 매칼도 없어진 나는 참 가볍다. 얼쑤!

작은딸이 문자를 보내왔다. '한림읍 금릉리 ○○○○번지 ○○○팬션.' 택시는 미끄러지듯 공항을 빠져나간다. 차창 밖으로 눈을 돌리니 제주의 거리가 낯설다. 생각해 보니 20여 년 만에 다시 찾는 제주다. 굵은 밧줄로 촘촘히 얽어매고 이마를 맞대고 있는 낮은 지붕들이 야무져 보였었다. 검은 돌담이 신기했었고 대문도 없이 가로막대가 열려있거나 걸쳐있는, 낮고 조용한 마을 풍경들이 생경하면서도 정겹다고 느꼈던 제주였다.

하늘은 맑다. 조금 열린 창틈으로 시원한 바닷바람이 들어온다. 문득 후드득 창문을 때리며 지나가는 소나기에 아무렇지도 않게 와이퍼를 작동하며 "한라산이 이고 있는 구름이 또 한바탕 소나기를 쏟네요. 이것이 제주랍니다."라고 한다. 숙소 앞에 택시가 멎자, 기다리고 있던 작은딸 '예쁜 진주 착한 진주'(아기 때 예쁘고 옹골차다고 아빠가 지어준

애칭으로 아빠는 지금도 이렇게 부른다.)가 "엄마~" 소리치며 달려온다. 어릴 때처럼 엄마에게 매달리며 다 큰 제 딸 앞에서 아이처럼 콩콩 뛴다. 외손녀와 사위가 함박웃음으로 반겨준다.

풀어내다
―제주 둘째 날

 바닷바람이 긴 파도 소리를 데리고 마을 골목까지 들어온다. 금능 앞바다 새벽공기가 아이스아메리카노의 첫맛처럼 싸하다. 딸의 손을 잡고 산책을 나선다. 멀리 출렁이는 새벽 바다는 몽환적이다. 골목을 벗어나자 바다로 나아가는 2차선 넓이의 현무암 자갈밭에 시멘트를 들이부은 지 며칠 되지 않은 듯한 길이 나온다. 길 양옆으로 띄엄띄엄 시멘트 반죽을 뒤집어쓴 현무암 사이로 손바닥 선인장 노란 꽃송이가 잠을 깬다. 저만큼 금능해수욕장을 끼고 마을에서부터 갯고랑을 거느리며 바다로 향하는 흙길이 긴 수로처럼 출렁인다. 길 양옆으로 1미터쯤 자란 연한 갈대들이 바닷바람에 일렁인다. 큰 숨이 가슴 속 깊이 들어온다.

 "엄마! 제주에 오셨는데 꼭 가보고 싶은 곳이 어디예요?" 딸이 나의 손을 잡고 걸으며 확인차 묻는다. 제주 바다에 나를 풀어내겠다는, 나의 버킷리스트를 실행하리라는 고백을 아직 딸에게도 하지 않았다. 백치 엄마로 매칼 없음은 참으로 가볍다. 어얼쑤!

 딸의 손을 잡고 제주의 바닷바람을 맞으며 걷는 이른 새벽의 감회는 한 발 한 발마다 가슴 가득 차오르는 기쁨이다. 우리는 날아갈 듯한 발걸음으로 바다로 이어지는 흙길로 한 발 내디디려는 순간, 길바닥 가득 일시에 사라지는 검고 작은 움직임들에 잡고 있던 손을 더욱 꽉 잡으며 숨이 멎을 듯 비틀 멈춰섰다. 우리가 놀라서 들여다보는 사이 풀섶에서 소리 없는 움직임들이 스멀스멀 기어 나오며 길을 메운다.

 다시 까맣게 길을 덮는 저 작은 움직임들은 갯고랑 현무암 틈에서 서식하는 작은 게들이라는 것을 나는 곧 알 수 있었지만 딸은 충격에서 얼른 벗어나지 못한다. 아무 일 없었다는 듯, 길을 메우고 뽀골뽀골 거품을 물고있는 작은 게들을 우리는 쪼그리고 앉아서 한참을 들여다본다. 작은 게들과 우리는 서로를 탐색한다. 우리의 작은 움직임에도 사라졌다 나타나기를 빠르게 반복하는 민감한 게들이다. 우리는 곧 서로의 산책을 방해하지 않는 방법을 터득한다. 그들의 움직임은 절대로 우리의 발에 밟히지 않을 만큼 민첩하다. 우리가 한 발 내디디려 하면, 그들은 순간 사라졌다가 우리의 발자국을 지우며 다시 길을 덮는다. 우리는 서로에게 금방 익숙해진다.

  바다갈대의 바람 춤이 꿈결 같다. 바닷바람은 갈대와 우리 모녀를 휘감아 안고 파도타기를 한다. 아기였던 딸이 엄마의 손을 꼭 잡고 가벼운 옷자락과 긴 머리카락으로 한 방향의 춤사위를 만들어낸다. 나에게서 분리되기 전의 태아였던 그때처럼 우리는 하나가 되어 바람에 몸을 맡긴다. 바람은 이 세상의 길이 아닌 천상을 날아가는 춤사위로 우리 모녀를 이끌어간다. 등 뒤에서 태양이 불끈 솟아올라, 온 바다가 일시에 눈부시다. 강렬한 햇살이 옷자락을 날리는 모녀의 그림자를 길게 늘이며 춤추는 바다갈대와 한몸으로 어우러지게 한다.

  거대한 현무암으로 치달려오르는 파도가 솟구쳐 거품을 일으키며 토하며 스러진다. 검게 젖은 바위들은 부딪쳐오는 파도를 쓰다듬으며 보내고 또 품으며 젖는다. 거친 돌무더기 틈으로 뻗어가는 순비기 덩굴 보라색 꽃들이 진흙 속의 진주처럼 피어난다. 저 보랏빛 꽃을 피우는 순비기 덩굴에서 납 허리띠를 차고 입수하는 제주 해녀들의 강인한 생명력을 본다. 멀리 풍차들은 목이 긴 하얀 공룡무리처럼 어딘가로

쉬지 않고 걸어가는가. 밤을 새운 등대를 쓸어안고 아침 해가 금능 바다 위로 높이 떠 오른다.

조금 이르게 도착한 금능해수욕장은 한산하다. 해수욕을 즐기려는 사람들은 아직 보이지 않는다. 물빛은 다양한 색깔로 층을 이루며 파도가 겹겹이 밀려온다. 아침 산책길에서 건너다보이던 저 작은 섬. 저 섬은 이곳에서도 꼭 그만큼의 거리를 두고 혼자 노는 아이처럼 앉아서 나를 바라본다. 섬 밖의 작은 섬은 짙고 푸른 물빛을 두르고 있다. 저 바닷속, 미역 숲의 현을 고르며 하프를 켜듯, 숨을 참는 젊은 해녀의 모습 같기도 하고 다시 오래 바라보면 초록, 보라, 연두, 연주황빛으로, 갈색인가 싶으면 연회색에서 은빛으로 물빛을 우려 금능바다를 바림하는 제주 할망같이도 보인다.

저 비양도는 제주의 닻이 아닐까? 왠지 말을 걸면 꼭 메아리로 대답을 보내줄 것만 같고 제 속을 드러내지 않는 나를 닮은 섬 같고 바라볼수록 조용히 말을 걸어보고 싶어지는 섬. 오래 나를 기다렸다고 말해줄 것만 같은 이정표 같은 섬. 저 섬을 마주하며 나를 풀어낼 첫날, 가슴 두근거리는 의식을 치르기에 더없이 편안한 금능 바다는 물결이 순하다.

바다는 잔잔하다. 물은 내 안의 열기를 식힐 만큼 차고 부드럽다. 딸의 손을 잡고 수영복이 아닌 평상복을 입은 채로 바닷물에 한 발 한 발 들어선다. 썰물이 천천히 나가며 둥싯둥싯 우리 모녀를 띄우기도 하며, 밀물이 부드럽게 중심을 잡아준다. 맑은 햇살은 바람이 그리는 물결무늬를 바닷속 모래 웅덩이에 투명하게 비춰낸다. 치어 떼들이 발목을 스친다. 지느러미의 결이 새싹의 잎맥처럼 부드럽게 나의 맨발등을 스쳐 간다.

저 멀리 바닷속에 우뚝 서서 선 돌하르방은 파도를 가르며 수영하는 이들에게 한계선을 알린다고 한다. 돌하르방 무언의 시선이 깊으시다. 딸의 손을 잡고 울퉁불퉁 거친 돌바닥을 발로 더듬으며 바닷물에 몸을 맡기며 걸어 들어간다. 선명하게 모래 알갱이들이 일렁이는 맑은 웅덩이에 몸을 앉힌다. 제주바다는 나를 가만히 받아 안으신다.

아이 적부터 내 안에는 작은 모래알들이 켜켜이 쌓이며 굳어온 바윗덩이가 있다. 그것을 풀어내 줄 물을 찾아 나는 여기 제주 금능 바다에 안겼다. '나의 첫 번째 풀어냄' 의식의 긴장을 감추며 무심한 척했으나, 딸은 말없이 내 손을 잡고 옆에 함께 앉는다.

잔잔한 파도가 나를 일렁일렁 어루만지며 품어 안는다. 나는 눈을 감고 보이지 않는 손길을 느낀다. 차고 부드러운 물결이 나를 이리저리 어른다. 공중부양을 하듯 내 몸이 저절로 떠오르기라도 하면 또 다른 물결이 가만히 다가와 내려 앉힌다. 부드러운 파도가 일정한 리듬으로 들뜨는 나를 감싸며 흔들어준다. 일렁일렁 바다의 팔에 안긴 나는 이대로 흘러가도 좋겠다. 내 안에서 단단히 굳은 두려움을 파도의 품에 열어놓는다. 아니, 아무 생각을 말자. 둥싯둥싯 파도가 나를 어르는 대로 흘러가자. 시간이 얼마나 흐르는지 나는 어디까지 흘러가는지. 생각도 다 지워진다. "엄마 춥지 않으세요?" 딸이 조용히 나를 깨운다.

우리는 젖은 옷인 채로 손을 잡고 금능 해변을 말없이 걸었다. 딸은 아무것도 묻지 않았다. 꼭 잡은 손을 가볍게 흔들며 걷는 우리 모녀의 젖은 머리와 옷을 바닷바람이 활활 날려주었다. 햇볕은 뜨겁고 바람은 시원하다. 옷 속에서 고운 모래알들이 걸음을 걸을 때마다 흘러내린다. 내 안에서

서걱거리는 사념의 모래알들이 원시로 돌아가는 것이라고 나를 세뇌하며 무한 걸어보자.

쾌청한 금능의 하루가 저물어가는 시간, 일몰과 마주한다는 설렘으로 금능 바다 작은 등대에 오른다. 금능은 제주의 서쪽 바다에 안겨 있다. 금릉을 안은 바다는 날마다 색다른 해넘이를 연출한다고 한다. 오늘 일몰시간은 오후 7시 43분이라는 예고다. 서쪽 하늘에서 해가 불덩이처럼 이글거리며 회색 구름 띠를 막 벗어내고 있다. 하늘과 바다는 이미 석양의 아우라로 금능바다를 안고 있다.

태양이 한 뼘쯤 바다 위에서 숨 고르기를 한다. 사위와 외손녀, 그리고 딸과 함께 작은 등대의 난간으로 올라서서 타오르는 듯 물들어가는 저 장엄한 일몰 의식에 동참한다. 파도는 마치 부글부글 끓고 있는 용암처럼 금방이라도 수평선이 치솟아 오를 것만 같다.

이글이글 끓는 석양빛에 온통 붉게 끓고 있는 바다 한 지점에 우리는 시선을 모은 채 숨을 죽인다. 그 순간 오른편의 비양도 쪽에서 한 무리 돌고래가 파도를 타며 몰려오는 것이다. 붉은 파도의 리듬으로 온다. 돌고래들은 마치 아득히 멀어져간 저 백악기 시대에서 오는 전령사들이 아닐까 싶으리만치 신령스럽다. 멀리 왼쪽 바다 풍차들의 웅장한 손짓을 따라 파도를 가르며 나아가는 것 같다. 나와 딸은 두 손을 모은 채 감탄을 삼키며 숨을 죽이고 노을에 붉게 물든 사위 부녀는 저 신비로운 순간을 카메라에 담으며 숨을 죽인다.

드디어 태양이 수평선과 맞닿는 순간이다. 천상에서 꽃이 피어난다면 저 형상으로 장엄할까? 꽃술이 뻗치듯 거대한 빛줄기들이 저물어가는 하늘로 솟아오른다. 동시에 바다가 이글이글 끓어오르며 붉은 파도로 우리를 향해 달려온다. 숨이 막히도록 신비로운가 하면 원폭의 붉은 버섯구름이 저러할까? 몸이 굳어버릴 것만 같은 두렵고도 황홀한 순간이다.

지구 이편의 일몰과 지구 저편 일출의 순간에 우리가 서 있다. 잠시 후, 몇 초일까, 몇 분일까. 해는 바다에 잠기고 캄캄해진 수평선 너머에서 발하는 강렬한 빛줄기들이 어두워지는 하늘을 향해 뻗쳐오른다. 붉은색, 보라, 황금빛 구름의 향연을 받아 안으며 출렁출렁 수평선이 화려하게 춤춘다. 어둠이 우리를 삼키려는 것도 느끼지 못하며 현무암처럼 캄캄하게 침묵하는 우리를, 파도가 등대로 치솟아 물보라를 일으키며 깨운다.

풀어내다
―제주 셋째 날

1

 새벽의 축축한 기운이 얇은 옷 사이로 젖어 든다. 간밤에 한라산은 또 무거운 구름 한 자락 쏟았나 보다. 마당의 검은 자갈돌들이 젖어 있다. 물먹은 돌 사이로 한 뼘쯤 되는 지네 한 마리가 빠르게 기어간다. 어릴 적 고향 샘골의 돌너덜 산에 산다던, 그 지네가 눈앞에서 걸어간다. 실 파람처럼 가느다란, 저 많은 다리를 엉키지도 않고, 긴 몸을 유연하고 빠르게 기어간다. 순간 멈칫 물러서면서도 제주는 아직도 청정지역임을 실감하며 신선하고 신기하여 돌 틈으로 사라지는 지네를 카메라에 담는다.

 숙소에서 나와 7~8분 걷다 보니 끝없는 파도가 바람을 몰아온다. 바다 특유의 소금기도 날려버리는 갯바람에 딸과 나의 그림자는 갈대들의 춤사위와 이내 어우러진다. 갈대와 우리의 옷자락이 한풀이 춤을 추는 무희들처럼 격렬하면서도 가볍다. 먼바다에서 밀려오는 파도가 거문고의 장중한 울림 소리를 내며 바람을 몰아온다. 길바닥을 가득 메우는 작은 게들도 이제는 우리의 발소리에 놀라지도 않고 길을 내어준다.

어제 점심을 먹은 보말칼국수 식당에서 접시에 저 게들이 담겨 나왔었다. 상 차리는 아주머니에게 물으니 저 작은 게들은 제주말로 돌갱이란다. 저 녀석들이 작은 접시에 푹 절은 채 담겨 있었다. 어제 새벽 저들을 한참 들여다보다가 내가 무심코 "큰 놈으로 몇 마리만 잡아다 된장찌개에 넣을까?" 했을 때, 내 손을 잡고 있던 딸의 작은 손에 힘이 들어가며 머리를 빠르게 저었었다.

오늘도 나의 딸은 저들을 밟을까 발끝을 옹그린다. 아기 때 앙다물며 뽀족해지던 앙징스러운 입술이다. 아직 태아였을 때 끊임없이 엄마를 두드리며 말을 걸어오던 예민한 아기였다. 갓 태어난 아기가 진주처럼 옹골차고 귀하다며 아빠는 '진주'라 이름을 지어주었다. 바람이 우리 둘의 가벼운 옷자락을 휘날리니, 우리의 그림자는 거대한 샴쌍둥이처럼 노랗게 핀 선인장 꽃의 가시 덤불 위로 부드럽게 춤사위를 연출한다.

현무암 사이 햇살을 소복하게 담은 손바닥 선인장 꽃들이 막 잠이 깬 아기의 얼굴 같다. 발소리에 일제히 숨어들던 돌갱이들이 우리가 지나온 길을 다시 까맣게 덮는다. 저 작은 생물들이 바글바글, 풀섶으로 바위틈으로 갯고랑 물속에도 숨을 불어넣는다. 우리도 이제 저 돌갱이들처럼 금능 바닷가의 한 풍경이 되어간다. 오늘은 풍차들이 조금 더 가까이 다가오는 듯하다. 저 멀리 입항을 기다리느라 화물선이 정박한 수평선은 한 폭의 수채화다. 밤새 화물선 하나를 더 그려 넣었다.

산책을 마치고 마당을 들어서는데 정원 손질을 하는 주인 부부가 잘라내는 야자수 잎들이 마당에 수북하게 쌓여간다. 들뜬 목소리로 마당에 지네가 있었다고 일러주자 벌써 밟아 죽였다고 독이 있는 놈이라 죽여야 한다며 늘어진 야자수 잎을 썩둑썩둑 잘라낸다. 커다란 가윗날 소리가 섬찟섬찟 다가온다.

2

7월 19일의 아침 햇살은 뜨겁고, 금능 바다의 밀물이 어제보다 높게 밀려온다. 금능해수욕장에 바람이 일며 파도가 높고 물이 차다. 색색의 물빛이 겹쳐오며 검푸르게 일렁인다. 아직 이른 시간인데도 오늘은 어제보다 좀더 많은 사람들이 파도와 함께 출렁인다.

높아진 파고로 인해 물속 지형이 어제와 다르다. 반짝이며 잔잔하던 발밑의 모래가 움푹움푹 소용돌이친다. 거친 물결에 얕은 바닥도 잘 보이지 않는다. 얼굴까지 넘나드는 파도에 몸을 맡겨본다. 발의 감각으로 비교적 평평하고 넓적한 바위를 찾아 나를 풀어낼 자리를 잡아본다. 물결 따라 내 몸이 떴다가 가라앉으며 일렁이렁 밀려 나간다. 조금씩 조금씩 깊어지는 바닥의 돌들이 이리저리 구르며 무거운 나의 사념을 두드린다.

어릴 적 내가 기억하는 셋째 오빠는 산더미 같은 나뭇짐을 어머니의 부엌에 들여놓으며 말이 없었다. 6·25로 인해 초등학교 5학년이 최종학력이 되어버린 셋째 오빠. 영특한 아들로 아버지의 사랑과 기대에 부풀었던 어린 시절을 회상하신 적이 있다. "외국으로 유학까지 보내준다 하시더니 거기까지였어." 아버지의 행방불명으로 인해 큰오빠는 교도소에 복역 중이었고 어린 셋째 오빠는 할아버지를 도와 농사일을 하게 되었는데 어린 등에 나락을 올린 커다란

지게를 끌듯이 할아버지 뒤를 따라가노라면 연로하신 할아버지의 짐이 너무나 무거워 보여서 눈물이 나더라고 하셨다. 셋째 오빠는 강의록으로 독학을 하셨다. 한자는 물론 영어, 일어까지 독학으로 깨우친 실력으로 회사에서는 인정을 받는 위치였다.

멍에처럼 씌워진 연좌제로 오랜 세월을 두고 직장으로 거주지로 찾아오는 신원조회로 작은 새언니도 많이 힘들었다고 하셨다. 우리 가족도 알 수 없는 아버지의 행방을 알아내려고 시시때때로 찾아오는 그 사람들이 오히려 안쓰러워서 때로는 식당으로 데리고 가서 밥을 사 먹여 보내기도 했다고 셋째 오빠는 자신이 처한 삶을 통 크게 받아들이셨다.

우리 형제들은 누구에게도 비굴하지 않고 자신의 삶을 살아내고자 하였다. 어머니는 아버지의 길을 숙명으로 받아들이셨다. 그런데 큰오빠와 시집간 큰언니에게는 아버지로 인한 굴레가 너무나 가혹하였다. 네 분의 나의 오빠들은 신체도 인물도 수려한 만큼 필체 또한 아름다웠다. 우리 형제들은 아버지의 필체를 물려받았다고 했다. 웃을 때 콧주름과 눈웃음이 해맑던 막내 오빠는 음악적인 감각도 좋았다. 특유의 낙천적 성격과 아버지의 아들이라는 자부심으로 자신의 운명을 조율하는 늘 긍정적이고 유쾌한 사람이었다. 아버지를 상상해보는 나는 때때로 네 분의 오빠들에게서 아버지의 이미지를 그려보곤 했다.

얼굴까지 타 넘으며 들고나는 파도는 저항 없는 나를 이리저리 굴린다. 물결이 높다. 커다란 썰물이 조약돌과 거친 모래와 함께 나를 휩쓸어 가다가 밀물에 나를 맡겼다가 다시 데려간다. '두 번째 풀어냄' 물결의 큰 손길에는 힘이 실려있다. 저 작은 섬은 비양도라고 했다. 물속에서 보아도 해안을 따라 걸으며 바라보아도 비양도는 늘 한 모습이다.

발끝을 아프게 하는 돌을 주워 헝겊 가방 속에 담아두었다. 돌의 실뿌리가 하얗게 뻗어 나가며 섬과 섬을 잇는 다리를 놓으면 나, 섬일까 섬 속의 섬일까? 하얀 갈매기들이 어두운 수평선을 깨우며, 비양도는 말없이 색색의 물결을 바림하여 보낸다. 밤의 비양도는 낮처럼 태양을 품은 실루엣으로 다가오고, 새벽의 비양도는 밤처럼 달빛을 품은 숲으로 깨어난다. 어느새 저 섬이 내 안에 들어와 일렁인다. 저 작은 섬도 풀어내야 할 무엇을 제 속 가득 담고 저리 초연하게 파도에 흔들리는가. 나는 나에게서 얼마나 멀어지고 있는가.

가거라 비양도까지…….

내가 여덟 살이 되던 어느 날 아버지로 인해 5년의 옥고를 치르고 큰오빠가 집으로 돌아왔다. 큰오빠는 전쟁이 나기 전에 서울에서 대학을 다녔다고 했다. 복학을 하지 못한 큰오빠는 1년쯤 지나서 중매로 결혼을 하셨다. 빨간 치마 노랑 저고리를 입은 새신부가 활짝 열린 우리 집 대문으로 들어서자 어둡게 가라앉은 우리 집이 일시에 환해지며 어린 나의 마음 속까지 환하게 열어주었었다. 나는 그 순간을 잊을 수가 없다. 새언니는 우리집에 밝은 빛을 안고 들어오셨다.

엄마처럼 나를 돌봐주시던 큰언니에게도 면面 내의 지체있는 집안에서 중매가 들어왔다. 시아버님 되실 어른이 우리 아버지의 이름만으로도 그분의 따님이라면 볼 것도 따질 것도 없다고 하셨단다. 형부가 되실 분은 서울에서 대학 공부를 한 사람으로 참 조용한 분이셨다. 큰언니는 내가 아홉 살 때 그 댁으로 시집을 가셨다. 나는 큰언니가 너무나 보고 싶었다. 큰언니의 시댁 동네에 사는 우리 반의 친구가 있었다. 하루는 그 친구를 따라가서 보고 싶은 큰언니를 만났었다. 큰언니의 시댁은 지붕이 높은 기와집으로 뒤꼍에는 우물도 있는, 시골에서는 보기 어려운 큰 집이었다. 큰언니는 우물가에서 나를 깨끗하게 씻어주고는 넓은 대청마루에서 신문을 보고 계시는 안사돈 어르신께 인사를 올리게 했다.

어느 날 형부와 함께 언니가 친정 나들이를 오셨다. 형부에 대한 기억은 조용한 미소, 그리고 안방에 누워 잠시 쉬는 모습을 아직도 잊지 않고 있다. 큰언니와 어머니는 불이 타는 부엌의 아궁이 앞에 앉아서 조용히 이야기를 나누고 계셨다. 나는 어머니의 말씀을 지금도 잊지 못한다. "시집살이라는 게 다 그런 거란다. 참고 사노라면 살아지는 거여." 큰언니는 참으며 잘 살아냈나 보다. 내가 4학년이 된 어느 봄날이었다. 큰언니가 아들을 낳았다는 소식이 왔다.

우리 가족들은 모두 기뻐했다 나는 예쁜 조카를 볼 수 있는 날을 손꼽아 기다렸다. 여름이 왔다, 장마철이었다. 아침에 헐레벌떡 학교로 달려온 친구가 나를 붙잡고 말했다. 자기네 마을 앞 냇물이 엄청나게 불어서 무서웠다며 자기 아버지 말이 "그 참한 새댁이 그만……"그랬다며 충격적인 큰언니 소식을 알려주었다. 나는 학교 공부가 어떻게 끝났는지 집으로 어떻게 돌아갔는지 그날이 기억나지 않는다. 대문을 들어서며 집안 어른들이 모여 어머니와 마루에 둘러앉아 있는 것이 흐릿하게 보였다. 나는 어머니를 보자 손과 발이

뒤틀리며 마당에서 쓰러졌다. 깨어보니 종조할머니들께서 마루에 누워있는 나의 팔다리를 주무르고 어머니 얼굴은 새까맣게 탄 것처럼 보였다.

 큰언니의 넋을 건지는 씻김굿을 한다는 소식이 왔다. 어머니는 가지 않으셨다. 큰언니의 넋이 어머니를 부르는데 몇 동네 사람들이 울더라는 소식까지 왔다. 백일 된 아기를 두고 큰언니는 그렇게 세상을 떠나셨다. 며느리의 친정아버지로 인해 연좌제에 묶인 당신 아들의 장래를 걱정하는 그 시어머니를, 같은 어머니의 심정으로 무슨 말을 할 수 있었겠는가. 우리 어머니는 말을 잃으셨다. 그렇게 한참 흘러간 시간이 달이었는지 해였었는지. 형부가 우리 집을 찾아왔다고 했다. 서울로 이사 가게 되었다며 아기를 잘 키우겠다고, 아이가 장성하면 그때 다시 찾아뵙겠노라고 했단다. 그 후 풍문에 의하면 형부는 직장을 잡았고 새 부인을 맞았으며 아기도 잘 크고 있다고 했다. 나는 큰언니의 아기가 늘 보고 싶었다. 장성한 나의 조카에게 연탄가스 사고가 일어났다고 하였다. 우리는 영영 만나지 못하였다.

 큰오빠에게 시집오신 새언니는 연좌제로 고통받는 남편을 온전히 끌어안고 그 고통을 함께해주셨다. 아버지로 인해 그 시어머니에게 고통을 당한 나의 큰언니와는 정반대 입장인 새언니는 친정에서도 여러 형제의 맏이로 품이 크신 분이다. 큰언니가 시집을 간 후, 당신의 치맛자락을 졸졸 따라다니는 막내 시누이인 나를 새언니는 잘 돌봐주셨다. 큰오빠는 새언니와의 사이에 5남매의 자식을 두었다. 50세를 넘긴 나이까지도 연좌제의 트라우마로 괴로워하시다가 세상을 떠나셨다. 이제 연로하신 나의 새언니는 증손까지 보시고 아들 며느리에게 효도를 받으며 매일 주간보호센터로 노래와 율동을 배우러 가신다고 한다.

"엄마! 그만 나갈까요?" 소리 높여 나를 깨우는 딸의 목소리가 파도를 밀어낸다. 딸의 손을 잡고 협재해수욕장 해변의 바람을 안고 걷는다. 젖은 옷과 젖은 머리카락이 바람에 나부낀다. 나를 풀어낸 파편으로 버석거리는 모래알들을 백사장에 돌려드린다. 한 걸음 한 걸음 가벼워진다. 한림 5장 구경도 하고 재래시장에서 장을 보는 것도 재미있겠다며 딸이 택시를 부른다. 기사에게 "한림 재래시장 데려다주세요." 딸의 목소리가 기대에 차 있다. 택시 안에서 나의 손을 꼭 잡으며 "엄마, 그래도 제주를 왔는데 가보고 싶은 곳이 없을까요?"라며 진지하게 나를 들여다본다.

나는 가보고 싶은 곳이 없다. 다만 "나를 풀어낼 수 있는 바다와 오롯이 나를 들여다볼 수 있는 시간을 갖게 된 것만으로 더 바랄 것이 없는데……." 딸은 내 손을 가만히 쓰다듬으며 어깨를 기대온다. 나는 딸의 작은 손을 내 손으로 감싸며 잠시 생각에 잠기다가 "4.3평화공원이라면……." 나직하게 말했다.

그런데 운전기사가 혼잣말같이, 들으라는 듯이 "에이 빨갱이들 때문에 다 죽고……." 뱉듯이 말하고는 "한림장에 다 왔습니다."라고 한다. 우리는 미처 운전기사의 그 말을 이해하지 못하고 택시에서 내렸다. 몇 발짝 걸어가다가 아! 하며 돌아보니 택시는 벌써 멀어지고 있다. 아! 제주에도 보이지 않는 철조망이……. 나는 멀어져가는 택시를 바라보며 얼른 걸음을 떼지 못했다. 4·3평화공원은 이 시대의 사람들에게 무엇을 말하고자 하는가? 나는 충격과 함께 생각이 깊어졌다.

한림 시장통은 어두웠다. 문이 닫힌 가게 앞에 할머니 세 분이 앉아 이름을 알 수 없는 생나물을 다듬고 계셨다. 가게 문이 왜 모두 닫혔는가를 물어보니 오늘은 장날이 아니라 장이 서지 않는다고 하신다. 아, 5일장! 면 단위로 돌아가며 5일에 한 번씩 서는 재래시장의 제도를 잊고 살았다. 우리는 손을 잡고 말없이 한림항 부둣가를 걷는데 좀 전에 택시기사의 혼잣말이 따라오며 발길을 무겁게 한다. 작은 어선들이 닻을 내리고 들어차 있는 한림부두에 먹이를 찾는 갈매기 떼 울음소리가 꼭 사람들이 지르는 비명처럼 처절하다. "엄마! 우리 좀 이른 저녁을 먹고 숙소를 향해 걸어볼까요?"라며 딸이 밝은 목소리로 나를 환기한다. 한림항에서 협재를 지나 금능 방향으로 향한 바닷가 도로를, 딸의 작고 따듯한 손을 잡고 팔을 흔들며 우리는 걸었다. 바닷바람을 쐬러 나온 피서객들이 석양빛에 물들고 있다.

3

펜션의 공동 세탁실에서 빨랫감을 세탁기에 넣고 돌아서려는데 선반에 먼지를 보얗게 뒤집어쓴 세 권의 책이 벽에 기대 세워져 있다. 거의 누운 듯 쓰러진 책 한 권의 제목이 눈에 들어온다. 『세상의 모든 딸들』 제2권이다. 눅눅하게 부풀어 일그러진 책을 숙소로 가져왔다. 마른 티슈로 먼지를 닦고 자근자근 손 다듬이질로 다독여 마른 수건에 싸서 묵직한 물병들로 눌러 두었다. 일몰을 보고 들어와 꺼내 보니 부풀었던 책이 웬만큼 차분히 가라앉았다. 제2권뿐인 것은 아쉽지만 이곳에서 '야난' 너를 만나다니,

이번 제주여행은 결코 우연이 아니었음을, 가슴 깊이에서 울리는 두근거림으로 책을 편다.

2017년에 발간한 나의 두 번째 시집 『야난의 저녁 식탁』의 '야난'은 『세상의 모든 딸들』의 주인공 '야난'의 이름을 빌려온 것이다. 이 책을 만났을 때의 나는 마흔 즈음이었다. 화려할 서른의 나날들을, 남편의 박봉을 쪼개고 쪼개며, 집값으로 빌린 고이자의 은행 빚과 고리의 사채를 갚으며, 사상 유례없이 치솟은 연탄 파동까지 겪어야 했다. 한겨울 올망졸망 크는 내 아이들을 지켜내는 생활고에 매몰되었었고 유방암 수술로 나의 존재를 잃어버렸을 만큼 지쳤을 때 딸의 책상 위에서 발견한 소설책이었다. 구석기시대 사냥하는 남자들에 의해 운명이 정해지는 여인들의 삶 속에서 죽은 엄마가 남긴 어린 여동생과 자신을 지켜내며 거친 삶을 살아내는, 진취적인 딸 '야난'을 만난 것이다.

주인공 '야난'을 통해 나의 존재감이 회복되어가는 희열을 느끼며 이 책을 읽었었다. 나의 자존감이 약해질 때마다 야난은 내 안의 진취적인 야성을 일깨워준 여인이다. 이곳 제주에서 '야난'과의 재회는, 계획도 없이 떠나온 이 여행에서의 '나를 풀어냄'은 필연인 것이라고 새삼 그때의 떨림과는 또 다른 열기로 밤을 밝힌다. 열린 창문으로 파도가 아련하게 말을 걸어 온다. 밤이 새는지도 모르는 어린 딸에게 말하던 나의 어머니처럼.

『세상의 모든딸들』, 여류인류학자 엘리자베스 먀셜 토마스가 쓴 『Reindeer Moon』을 우리말로 옮겨 쓴 작품이다. 《순록의 달》이라는 뜻으로 지금의 10월에 해당한다. 봄의 3월을 시작으로 하여 순서대로 나열하면 '해빙달, 새끼말달, 여행달, 파리달, 곰달, 맘모스달, 노란잎달, 순록달, 폭풍우달, 겨울오두막집달, 굶주림달, 포효달, 뿔떨어진달,' 이러한 원시적 언어들도 지쳐있던 나의 정서를 일깨워주었었다. 눅눅하게 부풀어 있던 이 책은 내가 읽는 동안 차분한 모습을 회복하였다. 이 여름, 금능을 찾아오는 누군가는 이 팬션의 세탁실 선반 위에서 진취적인 원시 여인을 운명적으로 만날 것이다.

풀어내다
―제주 넷째 날

 어제는 오후 비행기로 광주에서 외손자가 날아왔다. 큰딸의 두 아들 중 큰아들이다. 고등학교부터 부모 곁을 떠난 철학도로 나에게 처음으로 '할머니'라는 호칭을 부여한 손주 1호이다. 오늘 나는 '세 번째 풀어냄'을 치를 것이다. 일찍 길을 나섰다. 외손자도 수영복을 챙겨서 함께 금능 바다로 나선다. 아침 햇살이 뜨겁다. 바다는 어제보다 물결이 조금 더 높다. 바다를 보자마자 마치 한 마리 고래처럼 외손자는 깊은 바다 쪽으로 유연하게 헤엄치며 나아간다. 멋진 젊은이다. 파도를 가르는 기상이 아름답다.

 날씨는 맑고 파도는 잔잔하다. 내리쏘는 태양 빛은 얕은 바닷속 모래 웅덩이를 아름다운 물빛으로 얼핏얼핏 비춘다. 오늘의 웅덩이들은 어제와 위치가 또 달라졌다. 밤새 파도에 따라 그 깊이도 다양하게 변한다. 딸과 둘이서 앉을 만한 웅덩이를 찾는다. 잔잔한 파도는 우리 모녀를 이리 쓸어내고 저리 추스르며 낮고 깊은 음성으로 다독인다. 나는 아기 바구니에 담긴 아기처럼 무아지경으로 빨려 들어간다. '너는 울음소리가 없는 아기였어.' 어머니의 말소리가 들린다.

"너를 네 큰언니에게 맡기고 들에서 일하다 보면 퉁퉁 불은 젖이 쏟아지곤 했어. 정신을 차리고 보면 한나절이 기울었어. 집으로 달려오면 아기는 추썩추썩 문지방을 붙들고 놀고 있었지. 얼른 안아 올려 젖을 물리면 단숨에 양쪽 젖을 다 먹고는 발그레한 얼굴로 엄마를 바라보며 방긋 웃었어. 그렇게 순한 아기였어. 어미 힘든 걸 아는지 너는 그렇게 순했어⋯⋯." 말끝을 흐리시곤 했다.

그렇게 순했다는 내가 꼭 한 번 어머니에게 떼를 썼던 사건이 있었다. 내가 여덟 살 되던 3월 아침이었다. 둘째, 셋째 언니와 막내 오빠는 학교에 간다고 대문을 나섰다. 나는 활짝 열린 대문의 두툼한 문지방에 시린 다리를 치마로 감싸며 걸터앉아서 손을 흔들며 '나는 언제 학교엘 가나.' 하며 부러워하던 참이었다. 하얀 두루마기에 중절모자를 쓰신 아랫집 다섯째 할아버지가 세일러복을 멋지게 입은 6촌 동생 성복이를 앞세우고 저만치 골목을 지나가신다. 내가 무심코 "어디 가?" 하고 소리치니까 "학교에 입학하러 가지!"라고 동생이 말하는 것이다.

나는 안마당으로 뛰어 들어갔다. 어머니는 마당 가득 마른 볏짚을 펴놓고 이삭 벼를 고르고 계셨다. 나는 대뜸 "나도 학교에 가야지요?" 하니 어머니는 조용하게 "내년에 보내줄게" 하신다. "6촌 동생은 일곱 살인데? 나는 여덟 살, 나도 가야 해요!"라고 울먹이자 어머니는 말씀이 없으셨다. 나는 그냥 울음이 터져버렸다. 말없이 볏짚을 뒤적이는 어머니 앞에 나는 냅다 뒹굴며 발버둥 치며 울었다. 얼마나 서럽게 큰 소리로 한참을 울었던지 세일러복을 입혀 아들을 학교에 보낸 당숙모가 아랫집에서 올라왔다.

어머니는 "학교에 입혀 보낼 옷을 준비하지 못했네. 내년에 보내려고……." 하시며 내년에는 꼭 보내주마고 조용히 나를 달래셨다. 나는 서러워서 울음이 그쳐지지 않았다. 당숙모가 당신의 집으로 달려가서 6촌 동생의 여벌 세일러복 윗도리를 들고 오셨다. 내 머리며 옷에 달라붙은 지푸라기를 급히 털어내주며 그 예쁜 세일러복을 입혀주시고는 "부지런히 뛰어가면 저 비석거리쯤에서 할아버지를 따라잡을 수 있을 게다. 어서 가거라!" 등을 떠밀며 달래셨다.

눈물 콧물로 짚북데기에 뒹굴던 나는 울며 울며 "다짜라버지! 성복아!"를 부르며 뛰었다. 신발은 자꾸 벗어지고

발은 엉키고 목이 메어 소리도 안 나오고 돌부리에 걸려 넘어지면 일어나서 뛰었다. 그렇게 여덟 살 나는 그날 학교 입학을 한 것이다. 난생처음 꼭 한 번 내가 어머니에게 떼를 썼던 사건이었다. 돌이켜보면 그때 그렇게도 영특했다는 셋째 아들도 학교에 보내지 못하고 농사일을 시켰던 엄마의 기막힌 심정을 어린 나는 알지 못한 것이다. 그뿐만이 아니었다. 막내 오빠가 입학한 다음 해에야, 학령기를 놓친 두 언니는 학년을 뛰어넘으며 학교를 다니는 형편이었는데 나는 어렸으므로 어머니의 어려움을 알지 못했다. '다짜라버지'란 울타리도 없이 사는 할아버지 5형제분 중 다섯째 할아버지의 애칭이다. 우리 종손자들에게는 큰하라버지, 두짜라버지, 세짜라버지, 네짜라버지, 다짜라버지가 계셨다. 나는 두짜라버지의 막내 손녀이다. 당시의 세일러복은 미군담요에 붉은 물을 들여서 미 해군복 스타일로 만들어 파는 아이들 옷으로 도시의 부잣집 아이들만 입을 수 있었다.

"엄마아! 너무 멀리 가면 안 돼요. 그만 돌아와요!" 딸의 외침이 나를 깨운다. 수영을 못하는 내가 물에 떠 파도를 타고 있다. 어릴 적 나는 물을 두려워했다. 마을 앞 냇가에서 동네 아이들이 헤엄치는 깊은 곳으로는 다가가지 못했다. 내 안에서 나를 무겁게 붙잡는 무엇이 나를 자꾸 가라앉게 했었다. 어쩌면 어머니의 뱃속에서부터, 태아인 나는 힘겨운 어머니의 운명을 감지하지 않았을까.

 나는 온몸으로 바다의 품에 안겨 보고 싶었던 게다. 물에 뜨지 못하는 나를 이 먼 제주의 바다로 이끌어 온 존재의 힘을 느끼며 내 안에 웅크리고 있는 두려움을 풀어내라는 계시를 믿기로 한다. 딸이 '독채 팬션 방 하나 남아요. 제주에 오실 가족분 손들어봐요'라고 단톡방에 올렸을 때 이제 나를 풀어내야 할 때가 온 것임을 직감하는 순간이었다. 언젠가는 반드시 '내가 내 굿을 해내야'만 할 나의 과제였다. 손도 발도 바닥에 닿지 않는다. 나를 향해 딸이 소리쳐 부른다. "엄마 그만 돌아오세요!"라고. 밀물이 파도를 조금씩 높이며 나를 해변 쪽으로 밀어낸다. 멀리서 돌하르방이 눈을 부릅뜨고 바라보신다. 멀리까지 나아갔던 외손자도 돌아오고 있다.

 바닷바람이 훨훨 젖은 옷을 날리며 내 안의 무거움도 모래알도 소리 없이 가져간다. 숙소로 가는 도중에 예약한 동네 맛집 '성아시'에서 해물 라면과 물회로 점심을 먹기 위해 각자의 시간을 보낸 가족들이 합류한다. '성아시'는 제주말로 '형과 아우'의 합성어라고 한다. 제주 토속적인 말의 간판에서 제주의 피부를 만져보는 느낌이다. 제주의 전통집을 개조한 홀이 좁은 식당, 밖에는 차례를 기다리는 피서객들이 땡볕 아래 줄을 서 있다. 탁 트인 금능길은 어디에서도 바다와 바람이 함께한다. 금능 바다의 파도는 끊임없이 아름다운 물색을 바림하며 출렁인다. 석양을 다채롭게 연출하며 하늘과 바다를 채색하는 아름다운 금능이다.

풀어내다
― 제주 다섯째 날

1

4·3평화공원 방문 예약은 오후 4시다. 계획 없이 온 이번 여행에서 선정한, 한 곳이다. 새벽 다섯 시에 일어나, 공항으로 떠나는 외손자를 배웅하고 보니, 아직 이른 아침이다. 더워지기 전에 걸어서 월령리를 다녀오자는 딸의 제안으로 길을 나섰다. 4·3평화공원 방문하기 전에 제주의 아픈 얼굴이신 진아영 할머님을 추모함에 의미를 두고 숙소에서 가까운 거리라며 생수 한 병 준비도 없이 가볍게 나섰다.

7월 하순의 제주, 이른 아침의 햇볕이 예상보다 훨씬 뜨거웠다. 우리 모녀는 낯선 길을 손을 꼭 잡고 걸었다. 이른 아침, 낯설고 호젓한 길을 사랑하는 딸과 손을 잡고 걸어가는 이 시간이 현실인가? 가슴 가득 차오르는 일체감으로 우리는 걷는다. 내 품을 떠난 후, 우리 모녀 언제 이런 시간을 가져봤는가. 대학을 졸업하고 곧바로 서울의 방송가에서 홀로서기로, 작가로 우뚝 선 옹골찬 나의 딸이다. 아기처럼 엄마의 손을 꼭 잡고 천천히 무아지경을 걸어가는 딸도 나인 듯, 나도 딸인 듯, 행복한 시간이다. 아스팔트가 아지랑이를 무쇠밥솥의 열기처럼 피워올리는 미지의 길이 몽환적으로 일렁인다. 태양 볕의 달굼으로 물컹물컹 녹아내리는, 검은 아스팔트 길은 외진 길이어서인지 지나가는 차도 사람도 없다. 우리 모녀는 무엇에 홀린 듯 꿈길인 듯 걸어간다.

무념무상의 지경, 仙에 듦은 짧아야 하느니! 보이지 않는 존재의 나무람인 듯, 딸의 전화벨 소리가 우리를 깨운다. 어젯밤 등대에서 주운 전화기를 보관하고 있다는 사람에게서 온 전화란다. 확인해보니 어제 늦은 밤, 남자끼리 한잔하자며 등대로 바람 쐬러 나갔다가 두고 온 사위의 전화기란다. 다행히 우리가 걷고 있는 위치에서 멀지 않은 호텔이었다. 딸과 나는 거의 탈진한 상태로 준비 없이 나선 월령리 탐방을 접기로 하였다. 근처에 있는 호텔을 찾아가 전화기를 건네받고, 한적한 바닷가로 내려가니 우리가 새벽 산책을 하는 금능 등대로 이어지는 바닷길이다. 바다는 파도로 세찬 바람을 실어보내고, 비양도가 우리를 멀찍이서 지켜보고 있다.

파도가 훨훨 몰아오는 바닷바람에 탈진된 기운이 살아난다. 오늘 금능해수욕장은 물결이 굴러오듯 잔잔하다. 아이들과 부모님을 동반한 가족들이 어제보다 훨씬 더 많아졌다. 바다는 색색의 파라솔과 튜브로 화려하다. 대형 매트리스 튜브 위에 아기를 어르는 돌고래 닮은 부부도 어제보다 한결 여유로워 보인다.

 땀으로 흠씬 젖은 우리 모녀는 '네 번째 풀어냄'을 위해 조금 더 깊은 곳으로 들어선다. 딸이 내 손을 잡고 우묵하게 패인 웅덩이에 함께 가만히 잠긴다. 밀물과 썰물이 벌겋게 달궈진 우리를 일렁일렁 식힌다. 가족들과 동행한 아이들의 환호로 들썩이는 바다에서 나를 돌이켜 본다. 철없는 어린애로 자라지 못한 것은 환경 탓이었을까? 또래 아이들하고 머리끄덩이라도 잡고 싸우며 욕도 해보고 말썽도 일으키며 어머니한테서 '너까지 나를 힘들게 하느냐'고, 집안의 애물단지로 제 욕심껏 아이답게 자랄 수는 없었을까?

 집안을 통째로 틀어쥐고 옥죄는 연좌제 따위, 내가 알 바 아니라고, 계절 따라 잎이 피고 꽃이 피고 열매를 맺고 주먹만 한 알밤을 제멋대로 던져주던, 우리 집 밤나무처럼 그 나무를 찾아오는 온갖 새들과 벌 나비들처럼 노래하며 매미처럼 목을 놓아 울어도 보며 세상으로 훨훨 날아볼 수는 없었을까? 어머니가 자식들의 자존감을 지켜주는 말씀은 "아버지를 욕먹이는 자식이 되어서는 안 된다."였을 뿐이다. 오늘 금능바다는 부드러운 물결로 나를 풀어내신다. 어머니의 사랑도 그러하셨다.

'다 풀어주소서. 어린 내 안으로 모래알처럼 들어와 박혀 지층처럼 눌린 가족들의 아픔입니다. 당신의 품에 나를 온전히 맡기옵니다. 아버지의 이념은 시대의 빙하였습니다. 그 빙하가 첫째 오빠, 둘째 오빠, 큰언니까지 저 지층 속에 묻었습니다. 어머니와 남은 자식들의 존재도 자기만의 지층에 갇혀서 숨을 죽였습니다. 그 두려움, 그 슬픔이 내 안에 화석으로 박혀있습니다. 너무나 무겁습니다. 나를 먼바다로 데려가셔도 좋습니다.' 물 속으로 맴도는 썰물은 나를 일렁일렁 어르다 저만치 바닥으로 내려놓고 굴러오듯 다시오는 밀물은 나를 가만히 들어 올려 흔들흔들 추스르며 이만치 내려놓았다가 들어 올린다.

숙소를 향해 금능길을 걸어오는 동안, 속속들이 다 풀어버리라는 듯, 바람이 젖은 옷을 휘휘 날린다. 금능 바다가 해풍으로 함께 걷는다. 일렁이는 파도의 손길에 내 안의 지층에서 부서져 내린 잔해들을 바닷바람이 훌훌 데려가시느라 나의 옷자락이 갈피갈피 휘날린다. 제주 바다는 나를 이렇게 풀어내시는가.

2

4·3평화공원 방문 예약시간은 오후 4시이다. 딸과 나는 사위와 외손녀를 금능길의 카페 잔물결에서 기다리며 잠시 시간을 갖기로 했다. 카페 잔물결은 제주의 오래된 집 안채와 헛간을 통째로 개조한 작은 카페다. 지붕이 낮은 안채의 내부를 털어내어 주방과 홀을 겸한 아담한 공간, 흙벽과 서까래가 다 드러난 천정이 머리에 닿을 것만 같다. 긴 나무탁자 한 개와 작은 탁자 두 개, 널빤지에 각목으로 다리를 달은 나무의자 몇 개 놓여있다. 주문한 커피를 기다리는 동안, 긴 나무탁자에 팔을 올리고 딸과 나란히 앉아서 큰길 쪽 벽을 헐어 낸 유리 통창으로 바깥을 내다보면 금릉 바다가 한눈에 펼쳐진다. 이 통창은 카페 잔물결에 잠시 머물고 싶게 하는 마법의 창이다. 안에서 아이스아메리카노에 빨대를 꽂아놓고 바다를 바라보는 우리 모녀의 풍경을 지나가던 이가 가던 발길을 돌려 통창 안을 들여다보게 한다. 유리창으로 서로의 표정을 마주 보는 재미가 있다. 고향 집 사랑마루에서 놀다가

무심코 멀리 들판을 건너 앞산을 바라보던, 아이 적 시간처럼 설레인다.

 카페 마당으로 들어서며 징검돌을 건너며 마당 한쪽 가공의 은빛 갈대와 잔물결처럼 일렁여본다. 마당 왼쪽으로는 외양간을 개조한 작고 어둑한 홀이 있다. 그 안에 들어가면 흙바닥에 나무탁자와 나무의자 몇 개 놓여있다. 잠시 그곳에 앉아 대기하는 시간이었다. 순간, 저 어둑한 흙벽에 기대서있는 어린 산희가 나를 빤히 바라보고 있다. 어릴 적 나를 까맣게 잊으며 시멘트 정글에서 굳어버린 내가 순간 헉! 하며 큰 소리로 너를 부를 뻔했다. 한순간에 70여 년을 되돌아간 시간의 지진에 매몰되어 아득한 흙냄새 속에서 자라는 나의 본성과 마주한, 격렬한 해후였다.

역사의 동굴

제주시 명림로 430, 봉개동 237-2, 돔으로 된 4·3평화공원 기념관 앞에서 나는 숨이 가빠온다. 가슴이 두근거린다. 제주 4·3평화공원은 4·3사건의 희생자와 유가족의 명예 회복 및 화해와 상생의 미래를 열어가기 위한 평화·인권 기념공원으로, 역사를 담는 그릇을 모티브로 구성하였다고 한다.

나의 딸은 중학교 2학년인 딸에게 "이제부터 비극적인 우리의 역사를 마주 보게 될 거야. 나도 잘 알지 못하는 우리의 역사를 지금부터 함께 만나보기로 하자."라고 하며 엄마인 나의 손과 제 딸의 손을 잡고 돔 안으로 안내한다. 입구를 들어서기도 전에 나는 몸에서 힘이 빠져나감을 느낀다. 다리에 힘이 풀린다. 내 안에서 깊은 어둠이 꿈틀거린다. 속이 메슥거리며 내 몸이 뜨거워진다.

"4·3이 무어꽈?"

"속솜ㅎ라!"

1947년 4월 3일(음력 2월 24일), 그날 제주에는 무슨 일이 벌어졌는가? 독립을 맞아 희망에 찬 제주는 왜 상처투성이가 되었는가?

이번 제주여행에서 꼭 가보고 싶은 곳을 4·3 평화공원이라고 딸에게 말했을 때 나는 사실 4·3사건과 내가 가지고 있는 아픔과의 상관관계를 연결하지 못했었다. 평화공원을 방문하기로 하고 4·3평화공원에 대해 검색하는 중에 "속솜ㅎ라!"라는 단어가 눈에 들어왔다. 이 특이한 말은 '조용히 하라'의 제주말이라고 풀이되어 있다. 순간, 나는 무엇에 강하게 얻어맞은 것 같았다. 나의 생 저 밑바닥에서부터 공포가 떨림으로 엄습해 왔었다.

제주의 아이들이 자라며 부모님에게 "4·3이 뭐꽈?"하고 물으면 부모님들은 다급히 "속솜ㅎ라!" 이 말로 아이들 입을 막았다고 표기되어 있다. 이 말은 나의 심장을 날카롭게 베며 파고들었다. 우리 집은 누구도 아버지의 부재에 대해 설명하는 사람이 없었다. 어머니 또한 말씀이 없으셨다. 우리 가족은 아버지의 행방을 알지 못하면서 연좌제라는 죄목을 숙명처럼 받아들인 것이다. 그런 중에도 "아버지를 욕 먹이는 자식이 되어서는 안 된다."라는 엄한 말씀 한마디로, 어머니는 우리 형제들의 자존감을 지켜주셨다. 어머니의 그 말은 당당하고 무거웠다.

나는 평화공원을 들어가기 전에 돔 앞에 서서 숨 고르기를 해야 했다. 저 돔 안으로 들어가서 내가 마주해야 할 "속솜ᄒ라!"의 실체들을 알 수 없었지만 두려워진다. 한 발 한 발 다가가며 그 아픔들을 마주할 때 나는 어떻게 나를 추스를 것인지 두려움이 밀려왔다. 딸과 외손녀의 손에 이끌려 한 발씩 안으로 들어서며 가슴이 점점 심하게 조여왔다. 내 안에는 어린 나를 헤어나지 못하게 한 깊은 늪이 있다. 나도 그 어둠의 깊이를 가늠할 수도 없었다. 설명할 수도 없었다. 내 안 저 밑바닥에서 무언가가 서서히 꿈틀거렸다.

우리는 천천히 1전시실 역사의 동굴로 들어선다. 4·3 당시 피신처로 활용되었던 천연동굴을 모티브로 조성되었다고 설명하고 있다. 그 분위기가 흡사 나 어릴 적 샘골의 우리 집처럼 기운이 가라앉고 컴컴하다. 우리 집은 서쪽으로 넘어가는 해에, 저물녘까지 마루에 햇살이 가득했어도 집안의 분위기는 젖은 솜처럼 무겁고 그믐밤처럼 어두웠다.

그 어둠 속에서 어머니는 언제나 흰옷을 입으셨다. 집에서도, 들일을 나갈 때도, 자식들의 학교를 방문하실 때도, 변함없는 소복 차림이었다. 남편의 부재에 대한 당신의 처신을 소복으로 지켜내고자 하는 어머니의 완고함이었다.

내가 여섯 살쯤 되었을 어느 날 아침이다. 군인들이 총을 들고 우리 집 대문으로 들이닥쳤다. 그 사람들이 군화를 신은 채로 마루를 뛰어오를 때였다. 나를 옆에 앉히고 부엌의 아궁이 앞에서 불을 때던 큰언니는 급히 안방의 뒷문으로 뛰어 들어가 벽에 걸려있던 아버지의 사진액자를 떼어다가 떨리는 손으로 아궁이 재 속에 묻었다. 군인들은 방마다 장롱이며 다락까지 집을 다 뒤집어 놓고 썰물처럼 빠져나갔다. 내 기억의 전부인 아버지의 사진이 아침밥을 짓다 만 잿더미 속에서 타고 있었다. 흰옷을 입은 어머니는 소리 없이 온 방과 마루를 물걸레로 닦으셨다. 그 후로 어머니와 큰오빠는 새벽이면 대문 밖에 예고 없이 들이닥치는 지프에 실려 가고 며칠 만에 집으로 돌아오시곤 했다. 우리 집은 저 역사의 동굴만큼 컴컴하고 깊었다.

어두운 역사의 동굴을 지나 4·3의 정명을 기다리는 백비가 캄캄하게 누워있는 1전시실로 발길을 옮겼다. 차가운 비석

돌은 아직도 바른 역사의 이름을 얻지 못한 4·3의 주검이었다. 그때의 주검들이 자신의 이름을 소리 없이 외치며 차갑게 누워있다. 나는 오랫동안 저 무거운 신음 앞에서 움직일 수가 없다. 제주 4·3은 왜 아직도 올바른 역사적 이름을 얻지 못하고 있느냐고 온몸으로 차갑게 신음하는 저 백비의 묵직한 울림이 돔 가득 이명으로 울려오며 나를 흔들었다.

흔들리는 섬

2전시실로 발길이 닿았다. 해방 전 국제정세와 제주도, 그리고 해방 이후 도민들의 자치 열망과 4·3의 도화선이 된 1947년 3·1 발포사건, 3·10 총파업과 탄압 사건들이 1948년 4·3 봉기로 이어지는 과정이 사진과 실물들로 재현되어 눈앞에 펼쳐져 있다. '흔들리는 섬', '해방과 좌절'이라는 문구를 본다. 순간 '속솜ᄒ라!'라는 말이 다시 한번 나를 때린다. '우리 집의 침묵이 바로 이것이었구나! 속솜ᄒ라! 비로소 절절하게 깨닫는 순간 뼈가 저려왔다.

해방 전 국제정세와 제주도, 그리고 해방 이후 도민들의 자치 열망, 4·3의 도화선이 된 1947년 3월 1일 발포사건과 3월 10일 총파업과 탄압의 사건들이 1948년 4·3의 봉기로 이어지는, 참혹한 과정들의 사진과 재현된 실물로 배열되어 있다. 처절한 사진과 조형물들을 보며 나 어릴 적 그날처럼 온몸이 떨려온다. 아, 나의 아버지! 일제강점기에 우리 민족을 위해 가슴 뜨겁게 키웠다는 내 아버지의 순수한 사상의 뿌리가 나를 뒤흔든다.

"제주 4·3은 '정의 실현의 폭발'이었다"

이 말은 4·3 70주년 4·3평화재단 기관지 『4·3과 평화』에 실린 글이다.

「4·3 해결을 위한 걸음과 거름 ⑱」'의 지면에서 특별 인터뷰를 한 제주 4·3 선구자 노 김시종 시인과의 대담 첫머리만을 여기 옮겨본다.

여기 4·3 당시 탄압과 학살을 피해 20세의 나이로 일본으로 도망하여 한국인이라 밝히지 못하며 일본인도 아닌 채 일본어와 일본 문자로 시를 쓰며 비겁하게 살아야만 했다고 노 김시종 시인은 고백한다.

제주 4·3연구소 소장 허영선 시인은 김시종 시인에게 질문한다.

Q 결코 지난 일이 될 수 없는 4·3, 정의를 내려주신다면?

내가 제주도를 탈출한 게 1949년 6월입니다. 그때까지도 제주 민중들이 말한 것은 인민봉기였습니다.

그래서 인민봉기에 준한 애칭으로서 남로당 계열(항쟁 지도부들)을 '산부대'라고 불렀습니다. 산부대는 아주 애정이 들어있는 호칭이었습니다. 그런데 이제 본토에서 목포, 충청도, 응원 경찰들이 들어오고 진압을 시작하면서부터는 그런 호칭이 사라졌습니다. 진압이 시작되면서 산부대는 공산폭도가 되어버렸지만 4·3에서의 봉기는 분명 정당성이 있습니다. '이제서야 옳은 정의가 시작된다!'고 하는 아주 순수한 '정의正義'에 대한 열정이었습니다. 물론 봉기 이후 후반기로 가면서 상당히 많은 갈등과 여러 문제들이 발생했습니다. 하지만 큰 틀에서 단독정부 수립을 목적으로 통일을 지향했던 것은 분명한 사실입니다. 한마디로 정리한다면 '제주 4·3은 정의 실현의 폭발'이었다고 할 수 있습니다.

(4·3 70주년 4·3평화재단 기관지『4·3과 평화』p18)

3전시실은 1948년 4월 3일 새벽에 무장봉기와 분단거부로 일어난 발생 과정과 배경, 향후 제주의 초토화 작전의 직접적인 원인이 되는 5·10단선·단정 반대 사건 당시의 역사적 상황을 이해할 수 있도록 구성해 놓았다. 이 모든 비극이 내가 태어나던 해 1948년부터 일어난 사실이었다니. 76년 여의 시간이 흘렀는데 유골들은 살아있는 사람처럼 휑한 형상으로 나를 바라보신다.

저 참혹한 유골 앞에서, 나의 존재와 내가 건너온 소용돌이의 시대를 돌이켜 본다. 나는 어머니를 징검돌처럼 밟으며 성장기를 건너왔다. 어머니는 상심으로 중풍을 앓으시는 할아버지와 연좌제에 발이 묶인 자식들을 끌어안고 급류 한가운데 서 계셨었다. 묵묵히 살아내는 것만이 어머니가 할 수 있는 모든 것이었음을, 여기 '바람에 흔들리는 섬' 앞에서 현기증으로 절감한다. 돌이켜보면 그 혼란기에 그 무엇이 희망이라는 이름으로 어머니를 붙잡아 주었을까?

어머니의 캄캄한 삶 속 깊은 계곡에도 숨은 물소리가 살아있었을까? 그 계곡에는 바람 타는 섬과 불타는 섬으로 초토화된 인고의 섬이 있어 그곳에서 파도치는 그리움의 격랑이 어머니의 슬픔을 정화했을지도 몰라. 어머니는 그 힘으로 보이지 않는 기다림의 끈을 잡고 계셨을 것이다. 지금 생각해 보면 남측이나 북측이나 그 어느 쪽도, 진정한 뜻이 없는 남북적십자 회담을, 성과 없는 결렬로 회를 거듭할 때마다 소리 없는 한숨이 깊어만 지던 어머니였다. 끝내 기다림의 끈을 놓을 수 없었던 나의 어머니!

불타는 섬

 4전시실로 들어섰다. '불타는 섬'으로, 제주의 초토화 작전과 이후 한국전쟁 기간까지 제주에서 자행된 참혹한 학살 현장의 재현이었다. 우리나라는 해방의 기쁨을 맛보는 것도 잠시였다. 모스크바 3상 회의에서 신탁통치가 불거지며 38선이 그어지고 미 군정이 시작되고 분단과 함께 자치정부의 실현을 꿈꾸던 국민의 절실한 희망이 사라진다.

 일본군의 요새로 전락한 제주에도 1945년 해방이 왔다. 고향을 떠났던 사람들이 돌아오며 제주도민들은 학교를 세우는 등 자체적으로 제주도 민주주의 민족전선을 결성하여 아름다운 제주의 활기를 되찾는 희망에 부푼다. 미 군정은 통일 정부의 희망에 부푼 섬 제주를 '레드 아일랜드'라 단정 짓고 탄압 명령을 내린다.

 탄압군들은 제주도민에게 해안선부터 5km 지점으로

소개 명령을 내리고 이외의 지역 및 산악 지대를 모두 불태우고 그 지역 사람들을 이유 불문하고 총살하라는 초토화 작전 명령에 따라 아무것도 모르는 주민들까지 무자비하고 잔인하게 학살을 자행하였다는 모형은 제주 섬이 불구덩이였음을 몸이 떨리도록 실감케 한다.

아! 금능 바닷가를 산책하며 비양도를 처음 보았다. 섬 이름도 알지 못했었다. 그런데 저 작은 섬이 내 안으로 들어와 앉았다. 어느 곳에서 바라보아도 한 모습으로 내 안으로 들어와 앉았다. 하루가 지나고 또 하루가 저물어도 어둠 속에서 우리는 서로를 바라보고 있었다. 나를 풀어내는 금능 바다로, 비양도는 색색의 물색으로 저를 바림하며 제 속마음을 풀어 보내었다.

나는 이제야 비양도의 마음을 읽는다. 비양도는 어린 나처럼 다 지켜보았을 터이다. 그날 해안 5km 지점으로 소개 명령이 내려진 제주를, 저 작은 섬은 지켜보았다. 그날 제주가 흘린 피가 흘러 흘러 저 작은 비양도를 적셨으리라. 내 아버지의 사진이 불살라지고, 군화에 짓밟힌 방과 마루의 흙 발자국을 닦아내는 내 어머니를 누구의 눈에도 뜨이지 않는 어린 내가 부엌의 나뭇간에 서서 바라보았던 것처럼 비양도는 다 보았다고 나에게 그렇게도 처연한 색색의 물색을 바림하여 보내왔구나.

끝내 통일 정부의 꿈은 사라지고, 학살의 현장으로 초토화된 제주의 주검을 예술적으로라도 승화시켜 모든 이의 상처를 보듬고자 하는 4·3평화공원임을 알아가며 온몸이 저리도록 숙연하여 묵념을 올린다. 그렇구나! 한림 5일장까지 우리를 태우고 가던 택시기사가 4·3평화공원을 가고자 하는 우리 모녀의 대화를 듣고 "빨갱이들 땜에 다 죽고……"라며 혼잣말처럼 뱉던 그 말이 어디서 날아오는지도 모르는 비수처럼 가슴에 꽂혀왔었다. 아! 처참하게 짓밟힌 제주의 영혼을 품어 안은, 이 처절한 4·3평화공원으로도 치유하기 어려울 만큼 누가 제주의 가슴에 무자비한 철조망을 심어놓았는가?

나도, 나의 아버지가 누구를 위하여 종을 울렸는지를 알지 못하였다.

해원의 퐁랑

 1948년 11명의 민간인이 토벌대에 의해 질식사한 동굴을 발견 당시 그대로 재현하였다고 한다. 긴박했던 피난 생활과 학살의 현장감은 처절하다. 나 아직 철들기 전 아이 적 아니 내가 걸음마도 배우기 전, 아니 아니, 태내 적이라 함이 옳겠다. 나는 이 땅에 태어난 1948년생이니. 나를 잉태하게 한 나의 아버지는 일제의 속박에서 벗어나 이 땅에 하나의 독립된 국가를 세워야 한다고 홍익대학의 강당을 가득 메운 젊은이들을 깨웠다는 결의에 찬 젊은이였다니. 그분의 들끓는 혈기가 맺힌 새 생명인 나는 이 땅에서 무병巫病처럼 알 수 없는 아픔을 원죄로 타고났으리라. 가늠할 수 없던 내 안의 늪이 이곳에 전시되어 있다. 이산의 아픔과 연좌제로 꺾인 내 형제들의 넋, 시들어간 내 형제들의 젊음까지 이 칠흑의 굴속에 뼈로 흩어져 있다.

 어마어마한 돔 안에 우리가 우리를 죽이는 무자비함이,

우리에게 죽는 우리의 아우성이, 죽은 우리가, 살아 고통받는 우리의 분노가, 메아리로 가득 차 있다. 나는 딸의 부축을 받으며 밖으로 나와 정원에 주저앉았다. 나는 토한다. 캄캄한 늪이 끄윽끄윽 솟구쳐오른다. 저릿한 통증으로 곪고 곪아온 내 안의 저 깊은 곳에서 울컥울컥 터져 나오는 고름의 통곡이다. 엄마의 등을 토닥이는 1974년생 나의 딸아, 손안에 든 스마트폰으로 세계를 다 내다보는 2007년생인, 나의 딸의 딸아, 그리고 저 어두운 돔을 밝히고자 4·3공원을 상징하는 한 송이 붉은 동백꽃아, 나도 설명할 수 없는 나의 울음을 너희들이 지켜보고 있구나.

나는 내 몸으로 직접 겪은 아픔은 없다. 6·25 전쟁 통에도 엄마 등에 업혀서 쥐띠 딸인 나는 살아남았다. 전후 격동기도 엄마 등에 업혀서 건넜다. 이념의 갈등으로 박해받는 우리 가족은 무참히 꺾이고 꺾이는데 어린 나는 그 여파 속에서 이유도 모른 채, 짓눌린 채로 잘도 자랐다. 여덟 남매 중 막내인 나는, 가족들에게는 언제나 아기였다. 가족 누구도 어린 내게 그 무엇도 설명해 주지 못했다. 그 북새통에도 죽지 않고 살아남은 어린 딸의 출생신고도 제 때에 하지 못했을 터, 어머니는 어린 나에게 출생연도를 정확하게 기억하도록 "단기 4281년 2월 초나흘(1948년 2월 4일)이 너의 생년월일이다."라고, 나를 재우며 자장가처럼 일러주셨다. 그런데 나는 호적상 서기 1949년생으로 살아왔다. 혼란기에 살아남은 딸이 거슬러 받은 나이로는 본전인 셈이다.

제주의 퐁랑은 공동체적 만남과 해원의 신목神木을 동시에 상징한다. 퐁랑은 팽나무의 제주말로, 동네 주민들이 그늘에 모여 앉아 이야기꽃을 피우는 소통의 공간이라고 한다. 제주뿐만 아니라 우리나라의 마을, 마을마다 느티나무 아래가 그 마을 사람들의 소통 공간이었다. 농번기의 우리 마을 샘골 어른들도 느티나무 아래 자연스럽게 지게를 내려놓고 모여 앉아 모내기라든가 논매는 날, 보리와 벼 베는 일, 타작의 일정과 품을 의논하며 잠시 한숨 돌리던 쉼터였다. 6·25의 상처를 말없이 가슴에 안고 누구랄 것도 없이 날이 새면 허기를 안고 논밭으로 나가서 잠시 허리를 펴고 바라보며 의지하던, 든든한 마을의 지킴이었다.

1960년대 우리 마을 샘골에 라디오가 있는 집은 다섯째 할아버지네 집뿐이었다. 당숙모의 친정집은 도시에서 사업을 하는 부유한 집안이라고 했다. 당숙모가 친정에 다녀오며 들여온 라디오였다. 다섯째 할아버지는 마을 사람들을 위해서 라디오를 마루에 내어놓고 볼륨을 크게 올리셨다. 시간대별로 사람들이 모여들었다. 우리 집안 당고모들과

언니들은 연속방송극을 듣기 위해 당숙모의 방에 모여 앉아 귀를 기울였다. 세상사에 관심이 있는 마을 아저씨들은 9시 뉴스를 들으러 마당에 펴 놓은 멍석으로 모여들었다.

어머니는 가끔 저녁 9시 뉴스 시간이 되면 당숙모의 부엌으로 가셨다. 부엌 아궁이 앞에 앉아 남북적십자 회담 이야기가 나오는 뉴스에 귀를 기울이셨다. 나는 어머니와 당숙모 사이에 앉아서 어머니의 희망과 절망을 몸으로 체감하며 자랐다. 그 시절 나는 '무찌르자 공산당'을 외치며 학교 가는 길을 행진했으며 학교에서는 '우리의 소원은 통일, 꿈에도 소원은 통일' 노래를 간절하게 불렀었다. 또한 '우리의 대통령 이승만 박사 불사조의 날개다아~'라며 목이 터져라, 의미도 모르는 노래를 배웠었다.

검게 넘실대는 제주 바다, 나룻배처럼 흔들리며 불타는 제주를 지켜본 저 바다는 몇억 년이나 제주를 안고 있었을까. 방파제가 내려다보이는 카페 2층 창가에 앉아 일렁이는 검은 바다를 바라본다. 나의 넋이 끝없이 내려앉는 것만 같다. 검은 바다가 묵직하게 일렁인다. 당신에게 밀어닥치는 풍랑을 다 품어 안으며 살아내신 내 어머니의 도도한 등처럼 일렁인다. 내 안에서 밀물과 썰물이 소리 없이 들고난다.

비설

  제주 4·3평화공원에는 1949년 1월 제주 초토화 작전이 벌어질 때 거친오름 눈밭에서 스물다섯 살의 엄마가 두 살 난 어린 딸을 품에 안고 죽어가는 모녀의 상징조형물이 있다. 그 조형물 이름이 '비설'이다. 나는 차마 그 조형물에 가까이 다가갈 수조차 없었다. 멀찍이서 바라만보아도 그 조형물은 아기를 안고 죽어가는 나의 엄마였다. 나의 엄마는 죽은 자식들을 품어 안고 그렇게 죽은 삶을 살아냈다.

"속솜ᄒ라!"
  제주 평화공원 전시관을 다 돌아보지 못하고 나와서 붉은 동백꽃 조형물 앞에 주저앉아 주체할 수 없이 토하듯 솟구쳐오르는 나의 이 울음은 무엇인가. 이 울음은 얼마나 깊이 내 숨 밑바닥의 바닥에 눌려있던 비명인가. 우리 집에서는 누구도 '조용히 하라'라는 말조차도 할 수 없었다. 드러낼 수 없는 슬픔과 두려움에 눌리고 눌린 지층으로 쌓여있다가 용암처럼 치솟아 흘러내리는, 소리 없는 비명이 이리 뜨거울까. 웃음다운 웃음 한 번, 소리다운 소리 한 번, 울음다운 울음 한 번 밖으로 내놓지 못한 두려움인가? 왜냐고 스스로에게조차 반문해보지 못한 분노인가? 눈에 보이지도 않는 이념이란 얼마나 많은 이 땅의 '나'들을 옥죄어 숨 못 쉬게 하였는가. 내 아버지의 이념은 '우리가 소통하며 함께 사는 하나의 나라'였다고 어머니는 말씀하셨다. 너와 내가, 나와 이웃이, 낯선 사람이라 할지라도 아버지는 사람과 사람이 함께 소통하는 나라를 꿈꾸셨으리라.

저기 검은 돌담 아래 눈밭에서 죽은 나를 품어 안고 죽어가는 나의 엄마, 나는 오래전 엄마 품에서 죽은 저 비설의 아이로 살아왔다. 서른여섯 살 꽃다운 우리 엄마는 살아있어도 울 줄을 모르는 자식들을 끌어안고 죽은 듯이 살아내었다. 엄마를 바라보며 우리 형제들은 철이 일찍 들었다. 우리 형제들은 웃음을 잃었고 울음을 참았다.

깊어가는 긴긴 겨울밤, 엄마가 흐린 등잔불 아래서 바느질을 하실 때면 두 언니와 막내 오빠와 나는 잠을 자지 않았다. 엄마의 바늘땀이 지나가며, 언니들에게서 물려받은 나의 저고리 낡은 소매는 예쁜 색 끝동을 달고 새 옷으로 태어났다. 오빠들의 뚫어진 양말 짝들을 두툼한 바닥의 새 양말로 살려내는 엄마의 손을 따라 우리는 눈이 초롱초롱했었다. 그런 우리를 바라보시다가 반짇고리를 윗목으로 밀어놓고 등잔불 심지를 조금 돋우는 엄마는 『심청전』을 펴들고 내 옆으로 누우셨다. 엄마의 『심청전』은 우리 형제들과 마실 온 아주머니들을 울리며 나달나달하게 낡아서 찢어진 표지를 헝겊으로 붙인 책이었다.

나는 엄마의 젖가슴에 손을 넣고, 우리는 엄마의 책 읽는 소리에 귀를 기울인다. 엄마가 책을 읽어줄 때마다 심청전에는 우리를 한꺼번에 울리는 대목이 있었다.

─ 이윽고 곽씨부인, "닭아, 닭아, 우지마라, 네가 울면 날이 새고, 날이 새면 나 죽는다. 나 죽는 것은 섧지 않으나……."

이 대목으로 들어가며 엄마의 잠기는 목소리에, 따듯한 엄마 젖의 온기를 받으며 숨죽이던 내가 훌쩍이고

─ "앞 못 보는 우리 낭군, 간난 청이를 안고 젖동냥을 어이……."

이 대목으로 가면 우리는 너나없이 흐느껴 울었다. 내가 울기 시작하면 언니들도 맘 놓고 울고 막내 오빠도 이불자락을 끌어다 눈물을 닦으며 돌아누웠다. 우리는 죽어가는 엄마 때문에 서러웠고, 엄마는 엄마 없이 앞 못

보는 아버지에게서 커야 하는 청이로 가슴이 아파 목이 메인 소리로 책을 읽으셨다.

― 드디어 심봉사는, 청아! 내 딸 청아! 하며, 눈을 번쩍 뜨고……, 청이는 잔치를 벌이니,

"이제 그만들 자거라." 엄마는 이불을 다독여 주고는 일어나서서 석유를 아끼기 위해 다시 심지를 조금 낮추고는 바느질감을 들으셨다. 나는 잠이 들면서도 울음 끝에 남은 흐느낌을 잠꼬대처럼 했었다. 나는 저 상징조형물 '비설'을 먼빛으로 바라보는 것만으로도 나를 가누기 힘들었다.

딸의 손을 잡고 4·3평화공원의 대문을 상징하는 '문주'를 지나 위령탑을 참배하였다. 위령탑은 피해자와 가해자의 이분화 된 대립을 하나의 위령탑에 화해와 상생의 어울림으로 표현하였다고 한다. 각 마을의 정화수로 조성된 연못과 제주도의 오름과 분화구를 표현한 주변 공간으로 구성되어 있다고 설명하고 있다. 우리 모녀를 한림장터에 내려준 운전기사의 그 말이 다시 가슴을 아프게 한다.

―"우리는 죽지만 다시 태어날 것이다. 대지의 자궁은 죽음 속에서 새 생명을 잉태하니까. 모든 것이 불에 타고 모든 사람들이 죽었지만, 그러나 대지는 죽은 자식들을 끌어안을

거여. 땅속 혈맥의 고동치는 소리가 지금 내 귀에 들려. 대지가 자신의 자궁 안으로 죽은 자들을 받아들이고 있는 거라. 낭자한 피와 총성도 비명도 죽창, 철창에 묻은 살점도 대지는 남김없이 받아들이고 있어. 아, 그리고 마침내 그 자궁에서 새 생명들이 솟아나 대지 위에서 번성할 거여."

ㅡ"아아아……." 대림의 입에서 나직이 탄성이 흘러나왔다. 뭐라고 말하고 싶은지 애써 입술을 달싹였으나 그것은 말이 되지 않았다. 두길은 바위에 고인 물에 수건을 적셔 대림의 얼굴과 발을 씻기고, 머리칼을 다듬어 주었다. 자신도 똑같이 얼굴과 발을 씻고 머리칼을 가다듬고서 대림의 곁에 몸 붙여 누웠다. 그리고 두 사람은 잠이 들었다.(『제주도우다』 현기형 장편소설 3권 350쪽, 어둡고 차가운 동굴 속에서 죽어가는 정두길과 부대림의 마지막 대화를 옮김.)

영령들이시여! 살아있는 우리가 잘못하였나이다. 잘 먹고 잘산다고 노래를 부르면서 화해하지 못하고 살아가는 우리가 잘못하였나이다. 영령들이시여! 부디 편히 쉬소서!

새벽이면 누군가 부드럽게 잠을 깨우는 듯한 느낌으로 깨어난다. 깊은 바다의 숨소리가 귓결에 숨을 불어넣어 준다. 일정한 파도 소리가 내 몸을 요람처럼 흔들어주며 나를 깨우신다. 나는 혼자서 조용히 밖으로 나간다. 부드러운 손길로 나를 풀어내주신 제주 바다의 깊은 흐름과 제주의 바람으로, 마음은 한없이 고요하고 가슴은 파도를 받아안는 갯바위와 같이 된다.

금능바다로 가는 산책로는 고요하다. 바람과 파도의 소리에 풀들이 춤춘다. 풀잎 사이까지 파고드는 햇살에 젖은 돌게들이 보석처럼 반짝인다. 나는 가만가만 소리 없이 걷는데 이 울림을 돌게들은 저 작은 몸으로 느끼고 있구나. 제주를 감싸 안은 바다의 숨소리에 내가 잠에서 깨어남과 같으리라. 바닷바람이 나를 갈대잎처럼 스쳐간다. 아침 비양도는 짙푸른 물감을 풀어 금능 앞바다로 잔잔한 파도에 실어 보낸다. 언제 바라보아도 색색의 물결을 지어 바림하는 저 순한 비양도가 좋아라.

4부

사별이 무엇인지 정녕 몰랐습니다

어머니, 어머니! 어머니?

제가 태어날 때부터 저를 지켜본 저 앞산처럼 저 산을 안고 흐르는 남산들 냇물처럼 늘 우리 형제들 곁에 계실 줄만 알았습니다. 어머니와 사별을 한다는 것을 생각조차 하지 않았습니다. 이 봄에도 저의 생일을 하루 앞두고 어김없이 한 손에는 두툼한 성경책이 담긴 가방을, 또 한 손에는 검은 비닐봉지에 쇠고기 한 덩이를 담아 들고 "마당에 햇살이 명주 필을 널어놓은 것 같네."하시며 대문을 들어서시던 어머니셨습니다.

당신을 다 바쳐 자식들을 위해 사시는 어머니를, 우리는 너무나 당연하게 여겼습니다. 당신을 데려가는 종양이 언젠가부터 당신을 건너오지 못할 강으로 데려가고 있는데 저는 눈치채지 못했습니다. 머리카락 한 올 흐트러짐 없이 비녀를 단단하게 찌르시고 언제나 단정한 옷매무새에 어금니를 물고 자존감으로 당신을 지켜내신 어머니 노년에 셋째 언니의 인도로 기독교를 받아들이시면서 잠시의 시간도 허투루 보내지 않으셨어요. 성경책을 읽으시고 필사하시며 사막 나라의 낯선 풍습에 또 어머니의 도덕성으로는 용납하기 어려운 성경구절에서 당황도 하시며 기도하시는 어머니는 참 아름다우셨습니다. 어머니의 평안해진 노후에 감사드렸습니다.

때 늦지 않게 어머니를 붙잡을 수 있었더라면……, 저의 우매함에 가슴을 저미듯 아픕니다. 사람들은 말합니다. 일흔아홉의 연세로 사실 만큼 사셨으니 복이 많으신 분이라고요. 그것은 어머니의 생이 어떠했는지 모르는 사람들이 하는 위로의 말임을 저희 형제들만 압니다. 저녁 설거지를 하며 어둑해지는 창밖을 무심히 보다가 터지는 울음을 싸안고 옥상의 장독대 사이로 주저앉습니다. 저희 내외가 몽산포의 낯선 마을에서 살게 되었을 때 막내딸 신혼살림으로 물 닷 말들이 큰 독을 머리에 이시고 낯선 몽산포 바닷가 20리 길을 걸어 걸어오셔서, 주인집의 장독대 한쪽에 앉혀주시고는 "독이 잘 구워져서 장맛이 달 것이다."라며 항아리 무게에 눌린 목으로 환히 웃으시던 어머니…….

어머니, 우리 어머니!

칠십구 년을 사시면서 외롭지 않은 날, 슬프지 않은 날들은 몇 날이나 되실까요. 아홉 살 어린 나이에 아버지 돌아가시고 연이어 엄마와 또 사별하고 외롭고 슬픈 유년 시절과 소녀 시절을 큰아버지의 슬하에서 반듯하게 성장할 수 있었다며 항상 고맙다고 하셨지요. 어느 날 큰아버님의 주선으로 이목구비가 수려하고 마음이 따듯한 가난한 청년과 부부의 연을 맺고 시집을 오셨을 때 참 행복하셨다지요.

"시부모님을 모시고 한 살 아래인 남편에게 글을 배우며 온 가족의 사랑을 한몸에 받았지. 한 식구라는 울타리 안에서 참으로 사는 듯이 살았어……." 하시며 신혼 시절을 회상하실 때 어머님은 참으로 행복해 보이셨어요. 어머님 일생을 통해서 그것은 너무나 짧은 시간이었으나 전 생애를 버티고 살 수 있었던 사랑의 힘이었음을 저는 알았습니다.

캄캄한 바다에서 방향을 잃은 조각배나 다름없었지만 기다림이라는 키를 단단히 움켜잡고 어머니는 버티셨지요, 그때 저는 아직 어린아이였지요. 지금도 꿈속인 듯 떠오를 때가 있어요. 어머님의 숨죽인 비통한 흐느낌, 뒤이어 언니 오빠들의 여기저기 훌쩍임에 어린 저는 영문도 모르는 채

소리 없이 따라 울고는 했어요.

농사일을 하면서도 항상 흰 치마저고리의 단정한 매무새와 흐트러짐 없는 정신력으로 자식들에게 엄격하셨어요. 서른여섯 꽃 같은 젊음에 헤어진 남편과의 해후를 기원하며 어머니는 강건하게 살아내셨습니다.

어머니, 오로지 기다림이라는 허상을 절실하게 붙들고 살아내시던 그 뼈아픈 어머니의 이순耳順도 지나, 저는 지금 희수喜壽의 나이를 살아가고 있습니다. 돌아보면 한 해, 두 해, 어머님의 연세에 세월이 쌓여감에 따라 아버님과 어머님의 만남은 점점 멀어져 가고 있었습니다. 어머님의 간절하신 길고 긴 기다림은 저에게는 다만 결핍의 그리움이었습니다. 아버님을 향한 어머님의 기다림은 이루어질 수 없는 현실임에도 어머니가 평생을 입으시는 소복은 단정하고 품위 있는 당신의 타고난 품성이라고 그렇게 여겼음을 고백합니다.

고단한 하루가 저물고 어머니의 긴긴 밤이 오면 저를 팔베개에 재우며 책을 읽어주시고는 "아가 아버지가 언제 오시는지 이마에 손 좀 얹어 봐."하시면 어린 저는 어머니 마음을 헤아리지 못하고 손을 머리 위로 번쩍 들어 올리면, 한숨을 쉬셨지요. 어쩌다 제가 이마 위를 짚으면 어머니의 얼굴은 환해지셨어요. 그래서 저는 그때부터 얼른 이마를 짚곤 했습니다. 그때 아버지의 부재는 어머니에게 얼마나 큰 고통이며 생의 위협이었을까요. 제가 나이 들어가며 뼈저리게 깨달을 때마다 가슴이 아렸습니다.

어머님이 저의 집에 오셨을 때 혹여 아픈 데는 없으신지 저는 깊게 살피지 못했습니다. 어머니의 장기를 틀어쥐고 나를 노려보는 암 덩어리를 눈치채지 못했습니다. 어린 제게 심청전을 읽어주시던 곡조로 두꺼운 돋보기를 쓰시고 어머니는 늘 성경책을 소리 내어 읽으셨지요. 저의 형편으로 그 당시에 값이 싸서 만만하던 고등어구이만 해드려도 "참 맛나게도 구었다! 이렇게 맛있게 해 먹이니 애기들이 쑥쑥 잘도 크는구나."하시며 얼굴 가득 웃으셨습니다. 막내 사위 박봉을 쪼개어 대지 43평의 작은 마당집 한 채 마련하여 남의집살이하지 않는 것만으로도 대견해 하셨습니다.

지난 3월 초, 저의 생일에 오신 어머니는 처음으로 "변비약을 먹는데도 웬일인지 시원치를 않네."하셨습니다. 아랫배에 무언가 만져지는 것이 있는데 아프지는 않다고 하셨습니다. 비로소 저는 병원으로 어머니를 모시고 갔습니다. 어머니를 틀어쥐고 있는 암 덩어리가 저를 노려보고 있었습니다. 현대의학으로 저놈을 어머니에게서 떼어버릴 수 있다고 믿었습니다.

내년 3월 따뜻한 봄날 내 생일에 성경책을 든 가방을 소중하게 안고 쇠고기를 사서 한 손에 들고 어머니가 오실 것을 의심치 않았습니다. 나는 자라면서 울고 싶은 일이 있어도 힘든 어머니의 삶을 바라보며 울음을 삼켰었습니다. 내가 울면 어머니 가슴 아프실까 봐 나는 울지 않았습니다. 셋째 오라버님이 어머님을 서울 큰 병원으로 모셨습니다. 나는 시어머님과 등교하는 아이들 뒷바라지를 하느라 병원에 계신 어머니를 돌봐드릴 수도 없었습니다.

건강하게 집에 돌아오실 거라며 다독이는 시어머님 말씀을 간절히 믿으면서도 터지는 울음을 주체할 수가 없었습니다. 병원에서 어머니가 수술을 거부하신다는 소식이 왔습니다. 며칠 밤을 새우며 간호하는 언니들과 교대하기 위해 저는 단 하룻밤 어머니 곁을 지켜드렸습니다. 물 한 모금까지도 금식인 어머니의 타들어가는 입술을 물수건으로 적셔드리는데 어머니는 온 힘을 짜내며 제 이름을 부르셨습니다.

"산… 희… 야… 살고… 싶어서… 가… 아녀…
깨끗하… 게… 비우… 고… 가야…."

1990년 4월 30일 깨끗하게 비우신 어머니를 집으로 모셔왔습니다. 서울의 세브란스병원에서부터 어머니를 구급차에 모시고 청주시 미원의 집에까지 오는 동안, 둘째 언니와 셋째 언니는 천사들처럼 당신의 양옆에 앉아 하나님께 어머니를 인도하는 찬송가를 쉬지 않고 불러드렸다고 하였습니다. 그 노래는 두 딸의 통곡이었겠습니다.

집에까지 무사히 도착하신 어머니는 당신의 방에 편안히 누우셔서 당신을 하나님께 인도하러 오신 목사님을 알아보셨습니다. 나는 어머니께 드릴 말씀이 참 많았습니다. 그런데 아무 말도 할 수가 없었습니다. 울 수도 없었습니다. 어머니는 가시는데 저는 "어머니!"하고 한 번 부를 수가 없었습니다. 작별의 인사를 드려야 하는데, 아버지는 아직 돌아오지 않았는데, 어머니의 기다림은 아직 끝나지 않았는데, 나는 아직은 울 때가 아니었습니다. 누가 내 목을 틀어잡고 있는 것도 아닌데 우리는 다만 침묵으로 당신을 둘러앉아 있었습니다. 어머니의 임종만을 기다리는 자식들이었습니다. 어머니! 목사님의 기도로 어머니는 당신의 하나님께 가셨습니다.

어머님을 모실 곳에는 봄 햇살이 명주 필을 펼쳐놓는 듯했습니다. 저 차가운 땅에 어찌 모시느냐며 장손은 할머니를 부르며 몸부림으로 울었습니다. 그러나 나는 아직 울 때가 아니었습니다. 아직은 울 때가 아니라고 입을 앙다물었습니다. 소리 내어 울 수 없는 분노가 나를 움직일 수도 없게 했습니다. 누구를 향한 분노인지, 나는 장조카에게 설명할 수가 없었습니다. 어머니의 유언에 따라 어머니 곁에 아버지의 하얀 바지저고리가 놓였습니다. 어머니! 나는 눈물 한 방울 떨구지 않았습니다. 어머니를 저의 가슴에 묻었습니다.

어머니께 못 드린 말씀이 있습니다.
2006년 2월 28일 이산가족화상상봉에서 저희는 1987년도에 돌아가셨다는 아버님의 소식을 들었습니다. 해마다 아버님의 생신날을 잊지 않으시더니 아버님 연세 75세가 되던 1987년도의 생신날을 아버지의 기일로 정하시고 어머니는 제사를 지내셨지요. 어머님이 돌아가신

후, 이산가족화상상봉에서 전해주는 당숙님의 말씀에 의하면, 아버님은 1987년도 그해에 별세하셨다고 했습니다. 어머니의 '그리움'과 '기다림'은 절실하였으며 얼마나 간절한 소통이었는지 아버님과 어머님은 비록 몸은 멀리 떨어져 있으면서도 절절한 교감으로 사랑의 삶을 사셨음을, 아프게 깨달았습니다.

그런데요. 어머니! 일제의 잔재를 청산했다는 북에 의해 일제강점기에 면장을 지냈다는 이유로 아버님은 낙연광산에서 7년 동안 광부로 사셨다고 했습니다.

6·25 당시 청주중학교 5학년이던, 넷째 할아버지 아드님이신 당숙은 여름방학 중 소집 명령으로 북에까지 가게 되었는데 그곳에서 8년 군 복무, 제강소 노동 6개월 후, 김일성종합대학에 시험을 쳐서 입학하였으며 학생위원장과 연대장, 당위원장이 되어서 우리 둘째 오빠의 전사를 위에 올림으로, 아버지는 광산에서 풀려나셨다고 했습니다. 그 후 아버님은 산속의 화약창고 창고장으로 살며 황무지를 일궈 농사도 지어서 노년은 배고프지 않게 사셨다고 했습니다.

어머니! 북에서 행방이 묘연해진 우리 아버지를 찾아내기 위해 남한에서는 어머니와 우리 형제들이 그 고통을 겪었다는 사실을, 저는 비로소 짐작으로 알았습니다. 어머님의 버팀목이었던 남편, 그리고 그 자존감으로 이를 악물고 고통을 버틸 수 있었던 자식들의 정신적인 지주였던 아버지였으므로 아버님의 무너진 생애에 우리는 또 가슴이 무너지는 아픔을 겪습니다. 어머님이 모르신 채 가셨음이 참 다행입니다.

이산가족화상상봉에서 아버지의 소식을 알려주신 북쪽의 그 당숙은 2009년 9월, 노후생계가 막막하다며 남쪽 가족의 도움을 받고자 연변까지 오셨었습니다. 그 당숙은 김일성대학에서 해양생물학을 전공, 수석 졸업으로 17권의 해양생물학 외국 서적을 번역하였으며 신포의 경수로 연구소 2급 공무원으로 퇴직하셨답니다. 당신의 동생이 마련해간 달러를 받아들고 "내가 무사히 귀국하면 이 달러로 형님 묘소에도 가볼 수 있겠다." 하시며 눈물을 흘리셨답니다. 경수로 연구소 2급 공무원으로 퇴직하셨다는 당숙은 집에서 콩나물을 키우고, 당숙모는 그 콩나물을 신포 장에 내다 팔아 옥수수 가루를 간신히 사서 소나무 속껍질 가루와 반반 섞으면 설사가 안 나고 먹을만하다고 하셨답니다.

어머니! 그 당숙께서 가져오신 아버지의 가족사진 한 장이 셋째 오빠에게 전해왔습니다. 아버님이 그곳에서 늦게라도 얻으셨다는 아들 3형제와 그 아우들의 어머니가 사진 속에 있습니다. 어렸던 저를 안방의 벽에 걸린 액자 속에서 바라보시던, 젊은 우리 아버지의 사진만을 저는 기억합니다. 어머니, 사진 속 늙으신 아버님은 너무 낯선 분이었습니다. 사진 속 셋 중의 한 아우는 어렸을 적의 저처럼 입을 꾹 다물고 한 번도 웃어보지 않은 아이 같았습니다. 그런데요. 어머니, 저도 모르게 저는 사진 속 그 아우의 입꼬리를 살짝 올려주고 있었습니다.

어머니! 저는 아직도 어머님의 산소에 서면 울 수가 없습니다.
어머니! 말없이 아버지를 안아주세요. 아무것도 묻지 마시고요.

나를 키워준 나무
−늦밤나무 이야기

2월의 뒤뜰은 삭막했다. 겨우내 꺼내다 먹던 엄마의 무구덩이도 텅 비었다. 대문을 들어서면 뒤꼍 왼편으로 서 있는, 우람한 늦밤나무도 잔가지들을 다 드러낸 채 아직은 벌거숭이다. 겨우내 눈이 쌓였던 화단의 언 땅을 쳐들고 난초의 새싹이 파릇파릇 여기저기 무더기로 올라오며 빠르게 3월을 부를 때면 꽃샘추위가 휘도는 뒤꼍에 목단의 나뭇가지에서는 꽃망울을 움켜쥔 새순들이 나오고 얼었던 땅을 쳐들며 갈라진 틈새로 작약의 빨간 새싹은 뾰족뾰족 올라온다. 그러는 사이 산수유꽃이 우리 집의 어둠을 걷어내며 언덕 위에서 노란 꽃망울을 일제히 터트린다. 뒤이어 백합이며 금낭화, 물망초 새싹들이 올라오며 지난해에 떨군 백일홍, 과꽃, 채송화 맨드라미 등 각종 일년초 꽃씨앗들이 눈을 뜬다.

4월 봄비가 오면 언 땅이 녹는다. 씀바귀, 미나리를 캐며 들판을 뛰어다닌 샘골의 내 또래 여자아이들은 얼음 녹은 물이 졸졸 소리 내며 흐르는 도랑 가에 앉아서 캐온 돌미나리를 씻으며 재잘거리다 보면, 겨우내 얼고 갈라졌던 손등의 각질이 물에 퉁퉁 붇는다. 매끄러운 조약돌로 각질을 밀어내고는 분홍빛 새살의 뽀얀 손들을 서로 대보며 재잘재잘 즐거웠다. 발개진 손가락들이 화단의 새싹들처럼 예뻤다.

목단 나뭇잎이 우거지고 잎사귀 위로 솟아오르는 오만한 꽃봉오리들! 아직도 쌀랑한 늦은 4월 아침에 살짝 빨간 꽃잎이 비어져 나오는 그 오만한 목단꽃 봉오리를 어린 나는 사랑했다. 그 꽃봉오리는 천진함 속에 그늘을 감추고 있는 아이에게 희망의 꽃봉오리였다.

5월이 되면 우리 집 뒤뜰은 온통 붉은 목단꽃으로 꽃대궐이었다. 아버지의 행방불명으로 인한 연좌제로 며칠에 한 번씩 우체부가 가져다주는 신문 말고는 어디 마음 붙일 곳이 없는 큰오빠는 목단 나무를 아끼셨다. 그루터기가 해마다 새순을 올리면 몇 해 자란 뿌리를 갈라 화단의 양지바른 곳 여기저기에 옮겨 심으셨다. 이렇게 자리 잡은 목단은 첫 꽃을 시작으로 다투어 피며 뒤뜰을 화려하게 밝히며 우리 집의 어둠을 마춰시켰다. 목단꽃은 막 봉오리가 벙그는 아침에 봄비가 내리면 꽃잎을 다시 오므렸다가 해님이 나오기를 기다린다. 본능으로 자신을 지키며 때를 기다리는 목단꽃송이들을 보며 나는 자랐다.

 목단꽃 향기는 멀리까지 나를 마중 나왔다. 내가 학교에서 돌아올 때 마을 어귀로 들어서서 느티나무 아래를 지나 내 친구 남영이네 집 앞으로 흐르는 실도랑을 건너뛰면 바람에 실려 온 목단꽃 향기가 나를 감싸 안고 빠르게 군다리할아버지네 담 모퉁이를 돌아 다섯째 할아버지네 울타리를 지나 우리 집 대문으로 내달리는 나를 곧장 뒤꼍으로 이끌어가곤 하였다. 목단꽃 향기에 마춰된 우리 집 뒷뜰에는 노란 꽃가루 옷을 입은 호박벌들이 윙윙 소리를 내며 날아다니고 노랑나비 흰나비 호랑나비들의 천국이었다.

 드디어 6월이 오면 우리 집 뒤꼍의 왼쪽 언덕 아래 우람한 늦밤나무는 무성한 초록색 잎으로 뒤덮이면서 온 들의 벌나비와 온 산의 꾀꼬리를 다 품어 안는다. 어두운 우리 집을 떼 메고 가기라도 할 것처럼 재재거리던 꾀꼬리 새끼들이 자라서 다 날아가 버리면 밤나무는 외계인의 손가락 같은 꽃을 피우기 시작한다. 흩날리는 밤꽃 향기 속에 아름드리

밤나무에 기대서서 위를 올려다보면 하늘은 한 점도 보이지 않고 초여름 햇살을 반사하는 연두색 잎사귀들에 눈이 부셨다. 저만큼 빨갛게 익어가는 다짜라버지네 앵두도 나의 눈길을 끌지 못했다.

수만 마리 꿀벌과 나비들의 윙윙거림이 잠잠해질 즈음이면 밤나무는 어느새 성게 같은 밤송이로 뒤덮인다. 얼마나 많은 매미가 그 밤나무에서 짧은 생을 기운차게 울며 살아냈을까. 아버지의 부재로 숨죽인, 우리 집의 숨은 울음과 여름 근심은 그 밤나무 속으로 숨어들었다. 햇살 사이로 무리 지어 지저귀는 꾀꼬리 소리, 수만 마리 꿀벌들의 윙윙거림, 화려한 나비들의 날갯짓들은 어린 내 안에 숨겨 둔 불안의 마취제였으며, 살아오면서 되감기로 들을 수 있는 내 생의 교향곡이다.

9월, 24절기 중 백로가 내리는 계절, 소슬바람이 박넝쿨 사이로 보름달보다 큰 박을 드러나게 할 즈음이면 새벽녘 둔탁한 소리가 곤한 잠을 깨운다. 새벽 한기에 오스스 소름 돋는 몸을 옹크리며 뒤뜰에 나서면 새벽 안개가 비 오듯 한다. 이슬 젖은 풀섶에 발을 흠뻑 적시며 밤나무 아래로 다가가면 후둑 후두두둑 알밤 빠지는 소리에 새벽잠이 저절로 사라진다. 주먹만 한 알밤이 커다란 바가지에 그들먹해질 무렵이면 먼동이 트고, 이슬에 흠씬 젖은 성복이와 나는 마주치게 되고, 우리는 서로 바가지 속 밤을 견주어 보며 씩 웃으며 헤어진다. 세일러복의 귀공자 성복이는 아랫집 다짜라버지의 손자이며 나보다 한 살 아래로, 동네의 개구쟁이며 나와 같은 학년이었다.

어머니는 내가 주어온 밤을 깨끗이 씻어서 아침 밥솥 안에 빙 둘러 넣어 쪄주시고 아궁이 불에 서너 개 묻어두신다. 나는 불타는 아궁이 앞에 앉아 이슬에 젖은 옷과 으스스한 몸을 녹이는 동안, 불 속에서 푸시 푸시시 소리를 내며 알밤 익어가는 냄새에 내 몸도 따뜻하게 녹았었다. 어머니는 종이봉투를 만들어 학교 가는 우리 남매들의 책가방에 넣어주시며 "이 봉지의 밤은 선생님 드리고, 이건 친구하고 나눠 먹어라" 하셨다. 등굣길 마을 아이들을 인솔하는 향우반장 성찬오빠는 학교 가는 길에 아이들에게 다 풀어먹였다. 나는 선생님께 드리라는 밤 봉지를 부끄러워 가방에서 꺼내지 못하고 망설이다 집으로 가져왔다. 어머니는 혀를 끌끌 차셨다.

밤 터는 날은 우리 집의 연중행사 날이었다. 큰오빠, 셋째 오빠, 넷째 오빠가 밤나무로 올라가고 언니들이 긴 장대를 들어 올리면 각기 자리를 잡은 오빠들이 받아 올렸다. 모두 멀리 피하라는 큰오빠의 신호와 함께 어머니를 비롯한 새언니와 둘째 언니, 셋째 언니와 나는 마당 멀찍이 물러서서 기다린다. 이윽고 오빠들의 장대 휘두르는 소리와 함께 밤톨 떨어지는 소리, 밤송이 떨어지는 소리, 밤나무가지 부러지는 소리로 한바탕 주먹 같은 우박으로 집이 다 부서지는 것 같았다. 나는 몸이 오그라드는 것 같아서 언니들의 등 뒤에 숨었었다.

이윽고 오빠들은 장대를 스르륵 내려놓으며 밤나무에서 내려오고 우리 집은 온통 얻어맞고 떨어진 밤송이와 부러진 밤나무 가지와 이파리와 붉은 밤톨들로 뒤덮여있었다. 집은 마치 태풍이 휘몰아치고 지나간 집 같았다. 오빠들은 밤나무 아래 커다란 무덤처럼 밤송이들을 쌓아 올리고 나는 어머니와 언니들을 따라 사방팔방으로 흩어진 알밤을 모아 광주리마다 담았다. 알밤을 줍다가 지붕에 걸려있다 뒤늦게 떨어지는 밤송이에 머리를 얻어맞기도 하고 밤을 줍다가 밤송이에 찔리기도 하면서 여기저기서 낮은 비명, 웃음소리와 함께 밤 터는 날은 배부르게 날이 저물어갔었다.

쌓아놓은 밤 무덤은 거친 풀을 베어다가 며칠을 덮어둔다. 억센 가시투성이 밤송이가 부드럽게 삭으면 우리 가족은 모두 모여 밤 더미를 헤치고, 밤송이 속에서 붉은 밤톨을 발라낸다. 마당의 아주 커다란 너리기(옹기로 빚은 대형용기로, 커다란 장독을 반쯤 잘라놓은 모양임)의 소금물에 주먹만 한 붉은 밤톨들이 그들먹하게 차오른다. 밤송이에 찔린 손이 얼얼하면서도 우리 식구들은 먹지 않아도 배가 부르다며 넉넉한 덕담을 주고받았다. 어머니는 부엌 나뭇간에 구덩이를 파고 제일 크고 좋은 밤을 명절과 제수용으로 묻어두시며 "이 구덩이의 밤은 조상님들보다 생쥐들이 더 많이 먹지."하시며 여분의 밤을 더 묻어두곤 하셨다, 많은 양의 밤은 장사꾼이 와서 사 가고 집에는 한동안 간식이 풍부했다.

가을이 깊도록 나무에서 이삭 밤송이가 떨구는 알밤을 두고두고 줍는 즐거움도 나를 키웠다. 가을 소풍을 가는 날 어머니는 잊지 않고 실로 꿰매 만든 종이 봉지의 밤 두 봉지를 가방에 넣어주셨다. 한 봉은 선생님께, 한 봉은 친구들과 먹으라 하시며. 숫기 없는 나는 그 밤 봉지를 선생님께 직접 드리지 못하고 친구를 시켜 드리게 하고 가벼운 마음으로 집에 왔다. 선생님께 드렸다고 머뭇머뭇하는 나를 보고 어머니는 아무 말씀이 없으셨다.

우리 집 뒤뜰의 갖가지 나무와 꽃나무와 작은 꽃송이들은 아버지의 부재로 무겁게 가라앉은, 넉넉지 못한 가정형편 속에서도 어린 나를 꿈꾸며 성장할 수 있게 해주었다. 우람했던 늦밤나무와 오만한 목단꽃 봉오리들은 내가 어른이 되면 여왕이 되겠노라고 5학년 때 장래 희망으로 써낼 수 있을 만큼 어린 나에게 긍정의 성격과 용기와 그리고 희망을 품게 해주었다. 가슴 설레는 소녀로 성장할 수 있게 하였고 자연의 아름다움이 무엇인지를 가르쳐 준, 우람하던 늦밤나무는 내 생의 숲이다.

21세기의 성차별

장마가 지루하게 이어지다가 모처럼 반짝 햇살이 퍼졌다. 2006년 6월 29일에 셋째로 태어난 나의 손자 출생신고를 하러 주민 센터에 왔다. 아기 아빠인 아들은 서울에서 공부 중이고, 며느리는 철원의 친정집에서 첫째인 손녀와 태어난 지 한 달이 되어가는 아기를 데리고 아직 몸조리 중이고, 남편은 세미나로 제주에 출장 중이다.

아기 이름을 짓느라 시일이 좀 걸렸다. 신중하게 이름도 지었고 출생신고를 하는 법적 기일은 며칠 남았다. 미룰 일도 아닌 터라, 할머니인 내가 출생신고를 하기로 가족 간에 의논이 되었다. 아우를 본 둘째 손주를 내가 업고 가야 하므로 아침부터 바쁘게 준비를 하고, 전날 밤 남편이 꼼꼼하게 챙겨놓고 세미나를 떠나면서 몇 번이고 잊지 말고 가져가라 당부한, 신고인인 나의 주민등록증과 도장까지 확인하여 챙기고 나니 큰딸이 차를 가지고 우리를 데리러 왔다.

신통하게도 차 안에서 잠이 든 아기를 큰딸에게 안겨주고 엄숙하고도 경건한 마음 자세로 조금은 긴장하면서 복잡한 출생신고서의 빈칸을 채워나가는 시간은 감회가 자못 벅차고 행복했다. 핏줄 당김으로 또 하나의 새 생명이 나의 품으로 찾아왔다는 사실 만으로도 감동인데, 나의 아들의 셋째 자식을 가문의 자손으로, 지역의 주민으로, 대한민국 국민으로 당당하게 등록하는 긴장감으로, 주저 없이 할머니인 내 이름을 신고인으로 써넣고 서명도 일필 휘재 당당하게 하였다. 할머니인 내 이름을 똑바로 세워서 도장을 힘주어 찍었다.

내가 작성한 출생 신고서를 받아든 율량사천주민센터 1번 창구의 공무원은 의례적으로 서류를 훑어본 후, 신고인과 아기의 관계를 물었다. 주저 없이 친할머니라고 말하는 내게 할머니는 신고인이 될 수 없다고 잘라 말한다. 어떠한 설명도 없이 부모만이 출생신고를 할 수 있다는 것이다.

황당하고 어이없다고 싸울 일도 아니고, 그렇다고 그냥 물러설 일은 더욱 아니다. 신성한 출생신고를 하러 왔다는 사실을 마음속에 다지며 비장한 자세로, 그러나 짐짓 미소까지 띤 얼굴로 조목조목 짚어가며 반문하자 둘째 아기의 출생신고를 할아버지가 했음을 서류철에서 확인한 후에, 완강하던 자세를 조금 누그러뜨리며 신고인을 할아버지 이름으로 다시 써내라고 한다.

할아버지는 주민등록증이나 도장이 없이도, 출생신고를 하는 본인이 없이도, 가계의 할아버지라는 이름만으로 손자의 출생신고가 된다는 이야기다. 결국 할아버지의 이름으로 셋째 손자 신서율군의 출생 신고서를 다시 써서 제출하는 것으로 출생신고를 완료하였다. 쓸 일이 없어진 나의 주민등록증과 도장을 지갑에 챙겨 넣으면서 나는 그만 실소를 금할 수가 없었다.

나는 누구인가? 내가 낳은 내 아들, 그 아들의 자식 출생신고를 할 수 없는, 이 가계의 할머니인 나는, 나의 가정에서 법적 존재가 없는, 나는 누구인가? 법적으로도 근본적으로도 설명하지 못하는 민원창구의 공무원인 그녀는, 이 나라에서 한 가정의 누구인가? 21세기를 치열하게 살아가고, 또 살아내야 할 이 땅의 할머니, 그 존재의 현주소는 없는 것인가?

나는 페미니스트가 아니다. 이 땅의 딸로 태어나서 아내이며 어머니로, 나에게 주어진 가정을 이끌어온 중심인물이고 내 손자들의 할머니이다. 더불어 당당한 자긍심과 겸손함으로 여자로서의 나의 존재에 대해 일말의 의심도 해본 적이 없다. 남아선호사상, 남성우월주의라는 편협한 차별이란 나의 삶 속에는 없다. 대대로 굳어온 호적법이 그러하다고 누군가 나에게 통념적인 설명을 할 일은 더욱 아니다.

나는 소중한 내 손자의 출생신고를 하러 온 친할머니이며 법적으로도 한 가계의 당당한 어머니이고 내 아들의 어머니인 할머니로, 나의 손자들을 내 등으로 업어 키우고 있다. 한나절이 기운 하늘이 먹장구름으로 쏟아져 내릴 것만 같다. 비를 머금은 하늘과 복伏중의 지열까지, 또 숨을 턱 막히게 한다.

다녀왔습니다

2023년 6월 17일 오늘로 10여 년간의 시 창작 스터디를 종료하였다. 정확히 2013년 여름부터 시작한 시 창작을 위한 공부였다. 내가 처음 시 창작을 접하게 된 것은 이보다 훨씬 전인 1999년 봄이다. 우연히 TV 자막으로 올라가는 문구를 보고 찾아간 곳이 서원대학교 평생교육원 문예창작 교실이었다. "나에게 무엇을 배우러 왔습니까?" 시 창작 강의를 시작하는 교수님의 나를 향한 첫 질문이었다. 서원대학교 국어국문학과 백운복 교수님의 이성적인 이 질문이 나를 시인으로 키워준 '나와 나를 처음으로 마주 바라보게 한' 출발점이었다.

교수님의 냉담한 질문에 대한 나의 대답은 이러했다. "무엇이라고 설명할 수 없는 소용돌이가 내 안에 있습니다. 말로써 표현할 수 없고 글로써도 표현할 수 없는 이 아픔을 일기로라도 제대로 써 보고 싶은 열망이 있습니다."

그날 나는 詩 창작이라는, 시작도 끝도 없는 미로의 놀이터로 들어선 것이다. 선생님의 강의는 우리 말이므로 흥미롭게 알아듣겠으나 그 모든 이론을 나의 시에 어떻게 녹여 넣을 것인가는 난제였다. 삶의 연륜에 더해 학문적으로 나의 내면을 넓혀야 함을 깨닫게 되는 시점이었다. 8학기 시 창작 공부를 마치고 난 후, 비로소 깨닫게 되었다. 내 나이 50대 후반이었다. 나는 망설임 없이 고교 진학을 하였고 대학 공부를 마친 후, 본격 시 창작 공부를 시작했다. 손자 3남매 육아를 하며 다시 평생교육원 시 창작 교실을 전전하다가 만난 선생님이 함기석 시인이다.

함기석 시인은 나의 숙제를 풀어나갈 길로 이끌어주실 선생님임을 강의 첫 시간에 직감했다. 함기석 선생님은 나의 시적 세계의 문을 열어주신 스승님이다. 나의 가족사를 풀어내고자 갈피를 잡지 못하는 나에게 역사歷史를 공부할 것임을 일깨워주셨다. 그랬다. 나는 내가 누구인지도 몰랐었다. 나의 아버지는 어떤 길을 가시고자 했는지 알아볼 엄두도 내지 못할 만큼 연좌제에 갇힌 오빠들의 정신적 트라우마에 나도 갇혀있었다. 선생님은 詩의 시옷 자도 모르는 나를 받아주셨고 나는 피나는 노력으로 선생님의 가르침에 나를 온전히 묻었다. 지금 나의 서가에는 400여권이 넘는 시집과 고전이 있다. 책갈피마다 접히거나, 줄을 긋거나, 필기하며 젖은 시간이 나의 시 속으로 흐르는 피가 되고 정신으로 깨어있다. 시적 세계를 함께 걸어온 백순옥 시인, 고 신향숙 시우가 있어서 외롭지 않았다.

홀로 TV를 보고 있는 외로운 남편이 눈에 들어왔다. 시 창작 공부를 하겠다고 집을 나서는 나를 현관까지 나와서 남편은 한결같이 "우리 산희는 좋겠다! 즐겁게 공부하고, 맛있는 점심도 먹고, 잘 다녀와요!"라며 배웅하였다. 나는 "고마워요! 당신 덕분입니다. 다녀오겠습니다!" 10년이 흘렀다. 아니, 학교 공부까지 25년 동안의 나의 외출이었다. 정신을 차리고 보니 그 사이에 정년 퇴임을 하고, 변함없이 아내를 배웅하고 물샐틈없이 자신의 삶을 다독이는 고독한 남편이 보인다. 내 안의 소용돌이에 갇혀있던 나를 풀어내고 보니 비로소 태산처럼 당당한 남편이 조용히 나를 기다리고 있다.

"여보! 열아홉 살 산희를 찾아온 당신에게, 나 이제 돌아왔습니다. 일흔일곱 살 꽉 찬 산희 다녀왔습니다."

산희 정원

내 가족들이 겪은 아픔 속에서 나의 숨죽인 울음일 뿐이지만 이 속 울음을 소리 내어 볼, 아니 혼잣말이라도 꺼내기까지, 나에게 얼마만큼의 시간이 있을까? 나의 생 70여 년 동안 봉인했던 아픔을 풀어내고자 숨찬, 순간순간이었다. 탈고를 마친 원고를 보내놓고 잠자리에 누우면 또 어둠 속에서 원고를 쓸 때의 복받침과는 다른 눈물이 주르르 그냥 흘렀다. 소리 없는 눈물에 잠이 들었다. 내 안에 울음 빙하가 있었나 보다. 그만 울자. 나를 달랬다. 『속솜ᄒ라』의 원고를 떠나보낸 후 그랬다. 그랬었다.

천성으로 타고난 감각과 정서 표현을 토해내지 못하고 머뭇거리는 '산희들'이 내 안에서 나를 두드린다. 그 울림에 나를 맡겨 볼 생生의 시간이 얼마나 될까. 혼자 제 넋을 다잡고 드잡이하는 아내를 오랫동안 말없이 지켜준 남편은 진심으로 말한다. "이제 다 비워 냈으니 '산희정원'을 가꾸는 심성으로 아름다운 글을 써봐요."라고 한다. 나의 열 평 꽃밭을 남편은 '산희정원'이라 부른다.

아름다움이란 무엇인가? 잘 가꿔진 아파트의 숲으로 다양한 새들이 날아든다. 두꺼비가 울타리 사이로 엉금엉금 들어와 너부죽한 옹기화분의 꽃마리꽃 뿌리를 통째로 들추고는 제방처럼 드나들며 여름을 살다 떠난다. 열 평 나의 뜰에는 소박한 꽃들이 피고 지고 또 피어난다. 나의 정원은 낮은 것들의 태자리다. 그 속에서 노랑나비, 흰나비, 작은 부전나비, 긴꼬리제비나비들이 알을 낳으면 화초들은 제 연한 잎을 먹이며 그 애벌레들을 키운다. 나는 저 애벌레들에게 속삭인다. '부디 저 나무 위 새들의 눈에 띄지 말아라.' 제 연한 살을 애벌레들에게 젖 물리고 있는 라임오렌지 나무, 접시꽃, 다리아들은 누더기가 된 잎을 바람에 흔들며 여름내 새순을 피워낸다.

지난해 9월 10일 아침이었다. 이파리가 누더기가 된 라임오렌지나무 가지에서 조직적이고 아름다운 문양의 초록색 외투를 우아하게 차려입은 어린 왕자가 머리를 반짝 들고 나를 바라보고 있었다. 나의 새끼손가락만 하였다. 검색해보니 긴꼬리제비나비의 성충이었다. 그 어린 왕자는 늦가을쯤 장독대의 작은 항아리 손잡이 아래쯤에 제 터를 잡아 번데기를 짓고 그 안으로 들어갔다. 누렇게 탈색된 외피로 항아리에 붙어서 겨울을 난 그 번데기는 봄이 가고 5월 햇살이 따듯한 아침, 원래의 초록색 외피로 변색을 하는 것이었다. 초록색 번데기로 돌아온 하루였을까, 이틀째였던가?

아침햇살을 받으며 번데기를 찢고 있는 긴꼬리제비나비의 변태를 남편과 함께 실시간으로 지켜보게 되었다. 무사히 탈피를 마치고 조심조심 장독대 항아리들 사이를 낮게 날아다니며 날개를 말리는 긴꼬리제비나비의 도움닫기 시간은 눈물겨웠다. 드디어 날아오르는 커다란 날개와 화려한 긴 꼬리로 제가 태어난 작은 정원을 몇 바퀴 배회하였다. 그렇게 날개에 힘을 얻어서 울타리 밖으로 날아갔다. 그리고 때때로 짝을 지어 돌아와 뜯어먹힌 잎으로 피우고 또 피우는 꽃나무의 꽃송이에 앉았다가, 맴돌다가, 날아간다.

이웃의 지인이 난쟁이 해바라기 씨앗을 가져다주었다. 커다란 화분에 묻어두었더니 일곱 포기의 새싹이 올라왔다. 떡잎에서 네 잎, 여섯 잎으로 여린 새싹들이 움쑥움쑥 자란다.

그중, 세 포기를 원하는 이웃분들에게 분양하며 두 개의 화분에 한 포기씩 옮겨 심었다. 또 원하는 이웃이 있으면 분양하기 위해서다. 그런데 어느 날 아침, 어린 해바라기 이파리가 뜯어 먹혀 상처투성이다. 진딧물도 안 보였지만 설사 있다 해도 진딧물의 소행은 아니다. 작은 분무기의 어깨까지 맑은 물을 담고 식용 식초를 분무기 목까지 채운 후 뿌려주었다. 나의 해충 퇴치법이다. 먹혀들지 않았다. 벌레가 땅속으로 숨었나 하고 화분을 쏟아 흙을 뒤져봐도 밝힐 수가 없었다. 화분 밖으로 눈에 띄는 벌레라고는 이제 막 알에서 나온 듯한, 날개도 자라지 않은 채 긴 다리 형태를 갖춘 초록색 방아깨비 어린 새끼 몇 마리뿐이다. 어릴 적 들길을 투스텝으로 뛰어다니는 나의 발소리에 우르르 날아오르던 방아깨비들이다. 나의 정원에서 너희들이 자라고 있다니, 놀랍고 반가웠다.

이른 아침, 정원으로 나가보니 세 포기뿐인 해바라기의 잎마다 골고루 뜯어 먹혔다. 이제 20cm쯤 자라서 상순마다 꽃망울을 키우는 난쟁이 해바라기들이 망사 잎을 바람에 떨고 있다. 안쓰럽다. 난감하여 화분 앞에 쪼그리고 앉아서 들여다보는데 조금 더 자란 저 어린 방아깨비가 해바라기의 이파리를 갉아 먹고 있다. 놀란 나의 눈앞에서 날아오르는 방아깨비 새끼는 짜악! 소리가 나는 내 손바닥에 죽어있었다. 설마? 내가 새끼방아깨비를 오해했을지도 몰라! 아름다움이란 무엇인가.

겨울이면 배가 불룩한 고양이가 양지쪽 동백나무 아래 부드러운 흙더미 위로 낮잠을 자러 온다. 몸을 길게 누워 자는, 축 늘어진 배에서 움찔움찔 새끼들의 꼬물거림이 드러난다. 그 겨울이 지나고 봄이 오면 어미가 된 고양이는 측백나무 울타리 개구멍으로 네 다섯 마리새끼들을 거느리고 제집처럼 들어온다. 물 양동이에 고물고물 매달려서 물을 마신다. 그중에도 작고 허약한 새끼는 양동이에 주둥이가 닿지 않아, 그 어린 새끼 중 큰놈이, 작은 제 형제가 양동이 물을 먹을 수 있게 제 몸을 낮춰서 약한 제 형제를 등에 받혀 올려준다.

나의 탁자 위로 뛰어올라 눕는 제 어미를 따라 새끼들도 화분에 화분들을 뛰어올라서 나란히 젖을 먹고 서로 엎치고 덮치며 놀다가 한잠 늘어지게 자고는 어미를 따라 슬그머니 울타리 밖으로 줄래 줄래 나가곤 하였다. 언제부터인가 아파트 내에 고양이들 숫자가 줄어간다. 어쩌다 중성화된 초라한 고양이가 홀로 배회한다. 이제 울타리 구멍으로 들어와서 나의 탁자를 차지하는 고양이 가족들을 만날 수 없다. 아름다움이란 무엇일까?

아, 다행이다! 평일 오후 3~4시쯤이면 아파트로 유치원의 노란 버스들이 들어온다. 모여 서서 이야기를 나누며 기다리는 엄마들 사이로 흐르는 잠시의 여유가 아름답다. 엄마를 부르는 아이들 목소리가 달려온다. 나풀거리는 아이들의 머리카락과 등에서 춤을 추는 가방의 곰돌이가 먼저 달려간다. 햇살에 빛나는 아기들의 웃음이 어여쁘다.

불러보자. 풀 먹인 흰옷의 어머니가 잿들밭을 매시는 고향 샹꼴(샘골)의 들길에서, 투스텝으로 뛰어가던 어린 산희가 하얗게 피는 냉이꽃을 들여다보고 있다.

현대시학 산문선

산희

초판 1쇄 발행	2024년 11월 1일

지은이	홍산희
발행인	전기화
책임편집	이용헌

발행처	현대시학사
등록일	1969년 1월 21일
등록번호	종로 라 00079호
주소	서울시 종로구 계동길 41
전화	02.701.2341
블로그	http://blog.daum.net/hdsh69
이메일	hdsh69@hanmail.net
배포처	(주)명문사 02.319.8663

ISBN	979-11-93615-18-8 03810

○ 책값은 뒤표지에 있습니다.
○ 이 책의 판권은 지은이와 현대시학사에 있습니다.
  이 책 내용의 전부 또는 일부를 재사용하려면 반드시 양측의 서면 동의를 받아야 합니다.
○ 잘못 만들어진 책은 구입하신 서점에서 교환해드립니다.
○ 이 책은 충청북도, 충북문화재단의 후원을 받아 문화예술육성지원사업의 일환으로 발간되었습니다.